Vorwort

Liebe Schülerin, lieber Schüler,

das Training zu *Cursus*, Ausgabe A/N, bietet dir neben den Arbeitsheften eine weitere Möglichkeit, deine Lateinkenntnisse systematisch zu wiederholen und zu vertiefen.

Der Aufbau des Trainings orientiert sich an den drei Bereichen der Sprachvermittlung, die auch dein Lehrwerk aufweist: Text, Grammatik und Wortschatz. Diese Themenblöcke kannst du bei der Arbeit an den Lektionen jeweils heranziehen:

***Block 1*, S. 2–15**, bietet Übersetzungstexte. In ihnen sind nach jeweils vier Lektionen die bisher gelernten Spracherscheinungen in einem Text zusammengefasst, der dir inhaltlich zwar nicht bekannt ist, aber thematisch an Bekanntes aus den letzten Lektionstexten anschließt. Anekdoten, Fabeln, Erzählungen, Inschriften oder – seltener – Liedtexte und Gedichte wechseln sich dabei ab.

***Block 2*, S. 16–37**, bietet Grammatikübungen. In ihnen ist der Grammatikstoff so aufbereitet, dass du sie zur jeweils gerade behandelten Lektion als zusätzliches Übungsmaterial heranziehen kannst. Sie bieten – durch Bilder und Graphiken unterstützt – vorrangig den gerade aktuellen Lernstoff, setzen aber alle bis dahin gelernten Stoffe voraus, sodass du zugleich deine Grammatikkenntnisse wiederholst.

***Block 3*, S. 38–82**, bietet Wortschatztests. Hier kannst du deine pro Lektion gelernten Wortschatzkenntnisse gezielt und wirkungsvoll testen. Die neu zu lernenden Wörter sind einerseits in Sprachkontexte, Sach- und Wortfelder verankert, andererseits zu deutschen Fremdwörtern und Fachbegriffen, zu modernen Fremdsprachen und zu bekannten Sentenzen und kulturellen Stichwörtern in Bezug gesetzt. Auch hier unterstützen optische Signale deine Lernarbeit.

Die ***Lösungen*, S. 83–103**, ermöglichen dir die Selbstkontrolle deiner Ergebnisse.

Das Training zu *Cursus* stellt für dich deshalb nicht nur einen verlässlichen Lernbegleiter des laufenden Unterrichts dar, sondern ermöglicht dir auch eine erfolgreiche Vorbereitung auf die Klassenarbeiten.

Viel Freude und Erfolg beim Üben und Wiederholen wünschen dir

die Autorinnen und Autoren.

Quintus ist der Größte!

Der Esel steht vor der villa. *Quintus liegt in der Sonne und träumt.*

Auriga[1] est; modo[2] circum[1] intrat.
Sed cur homines non gaudent?
Cur non clamant: „Quinte, Quinte!“?
Tum equos videt; stant et valde rident.
Rogat: „Quid ridetis? Sum Quintus auriga[1],
amor hominum atque deorum. Parere debetis.“
Sed equi rident usque ad[3] lacrimas.
Tandem: „Quid audimus, homulle[4]?
Aurigam[1] non videmus. Quid iubere cogitas, homuncule[4]?“
Subito imperator signum dat.
Quintus equos incitat, sed equi stant.
Tum clamorem dat. Nunc equi parent, nunc evolant[5],
nunc homines non iam tacent.
Quantus[6] furor populi, quantus[6] ardor equorum!
Citius[7] atque citius[7] properant,
Quintus pericula non timet.
Subito audit: „Ave, Quinte victor[8],
ave, amor hominum atque deorum!“
Iam imperator appropinquat,
iam Quintus verba imperatoris audit:
„Caesar victorem[8] salutat“, iam tubae[9] sonant[10].
Hic asinus clamat et Quintum excitat[11].
Statim clamat: „Victor[8] sum, ego victor[8] sum!“,
et videt … asinum.

1) **aurīga, -ae** m: Wagenlenker

2) **modo:** gerade eben

3) **ūsque ad** (*m. Akk.*): bis hin zu

4) **homullus/homunculus, -ī** m: Menschlein, Schwächling, Winzling

5) **ēvolāre:** losstürmen

6) **quantus:** was für ein(e)

7) **citius:** schneller

8) **victor, -ōris** m: Sieger; siegreich

9) **tuba, -ae** f: Trompete

10) **sonāre:** erklingen, ertönen

11) **excitāre:** (auf)wecken

Mecum cantate! – Singt mit mir!

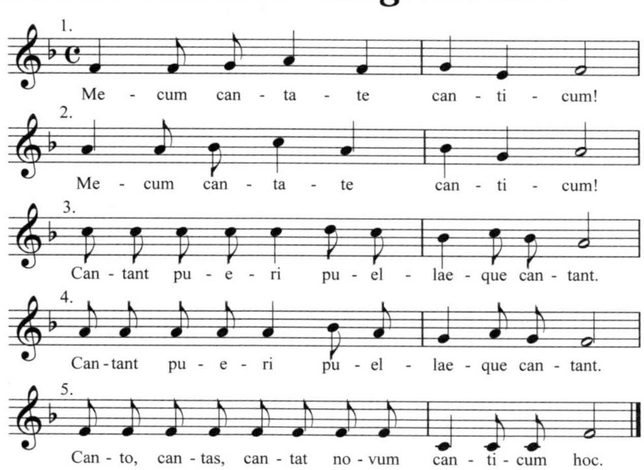

Pech für die Piraten

Der bekannte römische Feldherr Cäsar traf auch einmal auf Piraten …

Caesar cum amicis nave in Graeciam navigat. Subito magnum clamorem nautarum audiunt et vocant: „Ecce, ibi multi piratae navi appropinquant!“ Caesar magna voce amicos et nautas incitat: „Cur clamatis? Num timetis piratas? Pugnate armis, defendite navem, superate piratas!“ Nam Caesar solus etiam magnis in periculis alios mente aequa iubere potest[1]. Sed piratae cito in navem Romanorum invadunt et magno furore cunctos fere[2] homines necant. Caesarem in servitutem abducunt. Sed Caesar furorem piratarum non timet. Nam dicit: „Ego vos[3] non timeo. Audite: Caesarem clarum[4] in servitute tenetis! Cur non pecuniam pro captivo postulatis[5]? Certe amici non cessant Caesari in auxilium accurrere.“ Ac cito amici multas pecunias dant et Caesarem e servitute abducunt. Caesar vix liberatus[6] statim cunctos amicos con-vocat et magna voce dicit: „Populus Romanus piratis non cedit[7]. Itaque nunc mare[8] a piratis liberemus[9]! Quid cessatis? Superate homines barbaros[1]!“ Verba Caesaris cunctis placent. Statim magno clamore cuncti ad naves properant et cito ventis secundis in insulam piratarum navigant. Ibi piratas invadunt, multos necant, cunctos superant.

1) **potest:** er kann, er vermag

2) **ferē:** fast, ungefähr

3) **vōs** (*Akk.*): euch

4) **clārus, -a, -um:** berühmt

5) **pecūniam prō captīvō pōstulāre:** Lösegeld für einen Gefangenen fordern

6) **vix līberātus:** kaum befreit (freigekommen)

7) **cēdere:** zurückweichen vor

8) **mare** (*Akk.*): Meer

9) **līberēmus ā** (*m. Abl.*): lasst uns befreien (*von*)!

Ein Angeber

In foro multi homines stabant.
Unus autem valde superbus[1] erat.
Dixit: „Ego in insula Rhodo fui. Ibi erant magni ludi[2],
et ego cunctos alios superavi."
Ceteri homines primo tacuerunt,
sed tum hominem interrogaverunt:
„Quid ibi patravisti[3]?"
Homo ridet, primo tacet, tum respondet:
„Iam dixi: Ego cunctos alios superavi.
Ibi cuncti debuerunt currere, et ego cunctos superavi.
Cuncti debuerunt discum mittere[4],
iterum ego cunctos superavi.
Cuncti debuerunt saltare in longum[5]..."
Subito alius homo: „... et tu cunctos superavisti!?"
Homo superbus[1] respondet: „Quid quaeris?
Certe, ceteros superare soleo; et ibi cunctos superavi."
Stabat etiam puer inter viros et cuncta audiebat.
Nunc puer hominem superbum[1] interrogat:
„Licetne interrogare te aliquid[6]?"
Homo superbus[1] clamat: „Certe, interroga, puer!"
Puer: „Quid dixisti? Tu solus cunctos superavisti?
Estne verum[7]? Ego non credo[8]; certe fabulae sunt.
Sed si profecto verum[7] est, dico:
Hic Rhodus, hic salta[5]!"

1) **superbus, -a, -um:** übermütig
2) **lūdus, -ī** m: Spiel
3) **patrāre:** vollbringen
4) **discum mittere:** (den) Diskus werfen
5) **saltāre (in longum):** (weit-)springen
6) **aliquid:** etwas
7) **vērus, -a, -um:** wahr
8) **crēdere:** (es) glauben

Homines sumus, non dei.

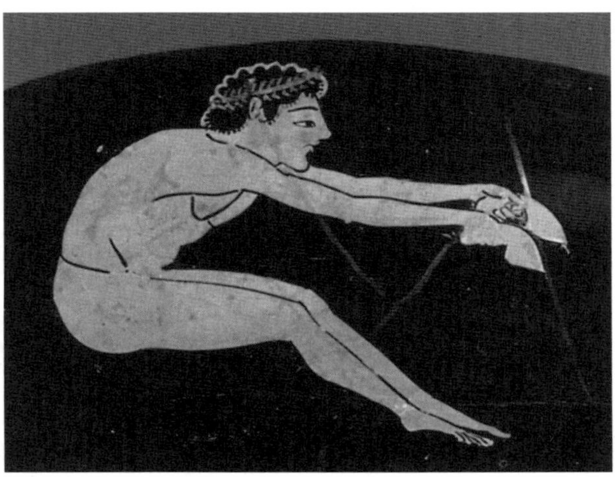

Weitspringer (dargestellt auf einer griechischen Schale).

De rustico[1] et puero et asino

Rusticus[1] cum filio in oppidum migraverat[2]. Ibi in foro asinum robustum emerunt. Deinde cum asino novo domum remigraverunt[3]. In itinere neque pater neque filius in asino sedebat, sed post asinum ambulabant. Subito tres[4] puellae eis appropinquaverunt. Eae riserunt et rusticum[1] filiumque eius interrogaverunt: „Estisne stulti? Cur post asinum curritis? Cur nemo in asino sedet?“ Verba puellarum rustico[1] placuerunt et post breve tempus pater in tergo asini sedebat. Filius autem post asinum currebat. Sed mox tres[4] feminae rusticum[1] appellaverunt: „Tu pater durus es! Quamquam vir robustus es, tu in asino sedes et puer parvus[5] post asinum properare debet!“ Verbis feminarum commotus[6] rusticus[1] statim ex asino descendit et filium in tergo asini posuit. Tum pater post asinum currebat. Sed mox tres[4] viri venerunt et clamaverunt: „Ecce, puer ignavus[7] in asino sedet et pater miser post bestiam[8] currit! Cur non pater in asino sedet?“ Verbis virorum commotus[6] pater iterum in asinum ascendit[9]. Nunc asinus portabat et virum et puerum. Iam villae suae appropinquabant. Ibi vicinus[10] rustici[1] virum filiumque cum asino vidit et misericordia[11] commotus[6] clamavit: „Ecce, bestia[8] misera! Vos estis barbari. Bestias[8] vexare[12] inhumanum est. Ut vos hodie bestiam[8] vexatis[12], sic dei quondam vos multabunt[13]. Profecto, praestat[14] vos portare asinum quam[15] bestiam[8] tam parvam[5] portare homines tam graves!“ Verbis vicini[10] rusticus[1] et filius eius commoti[6] cito ex asino descenderunt et – profecto! – asinum domum portaverunt. Ibi femina rustici[1] iam diu virum filiumque exspectaverat. Nunc tandem rusticus[1] et puer cum asino aulam[16] intrant. Sed femina eos valde irridet[17]: „Estisne vos asini? O quam stulti estis! Vos asinum portatis! Nonne is debet portare homines?“ Quid fabula docet[18]?

1) **rūsticus, -ī** m: Bauer
2) **migrāre:** wandern, gehen
3) **remigrāre:** zurückwandern
4) **trēs:** drei
5) **parvus, -a, -um:** klein
6) **commōtus, -a, -um:** bewegt, beeindruckt
7) **īgnāvus, -a, -um:** faul
8) **bēstia, -ae** f: Tier
9) **ascendere in:** steigen auf
10) **vīcīnus, -ī** m: Nachbar
11) **misericordia, -ae** f: Mitleid
12) **vexāre:** quälen
13) **multābunt:** (sie) werden bestrafen
14) **praestat** (*m. AcI*): es ist besser, dass
15) **quam:** als
16) **aula, -ae** f: Hof
17) **irrīdēre:** auslachen
18) **docēre:** lehren

My Bonnie is over the Ocean

Amica est trans oceanum[!],
trans maria quam perdidi,
amica est trans oceanum[!],
o redde amicam mihi!
Redde, redde, fac reddas amicam mihi, mihi,
redde, redde, fac reddas amicam mihi!

perdere (*Perf.* **perdidī**): verlieren
reddere: zurückgeben, zurückbringen
fac reddās ~ redde

In lecto iacens somniavi,
quod omen averruncent di,
in lecto iacens somniavi
amicam perisse mari.
Redde, redde, fac reddas amicam mihi, mihi,
redde, redde, fac reddas amicam mihi!

lectus, -ī m: Bett; **iacēns:** liegend;
somniāre: träumen; **quod:** welches; **ōmen, -minis** n: Übel; **āverruncent:** (sie) mögen abwenden
fac reddās ~ redde

Quam venti egerunt trans mare
Atlanticum maxima vi,
quam venti egerunt trans mare,
dono reddiderunt mihi.
Redde, redde, fac reddas amicam mihi, mihi,
redde, redde, fac reddas amicam mihi!

agere (hier): treiben
māximus, -a, -um: der größte
donō (hier): als Geschenk
fac reddās ~ redde

Was müssen das für Bäume sein …

1) **quae** (hier): was 2) **iste, ista, istud**: der, die, das da 3) **illiduntur**: (sie) verletzen/stoßen sich
4) **dextrā/sinistrā parte** ~ dextrā/sinistrā 5) **spatium, -ī** n: Zwischenraum

Epigramme

Nicht nur der Römer Martial hat zu Zeiten eines Domitian Epigramme verfasst. Auch in den folgenden Jahrhunderten und bis hinein in unsere Zeit haben zahlreiche Dichter aus ganz Europa diese kurzen Gedichte zu allen möglichen Anlässen verfasst. Einer von ihnen galt zu seiner Zeit als ein „zweiter Martial“: der Engländer John Owen. Hier eine kleine Auswahl aus seinen Epigrammen.

Berühmt sein ist nicht alles ...

Egregius non sum vates, tamen e grege vatum.
E grege tu vatum non es; at egregius!

vātēs, -is m: Dichter; **grex, gregis** m: Herde, Schar
at: aber, doch

Echte Freundschaft

Nulli inimicus ero, sed nec bis amicus amico:
Nam cuicumque semel, semper amicus ero.

inimīcus, -ī m: der Feind; **nec** ~ neque; **bis:** zweimal;
cuicumque: jedem, dem; wem (immer); **semel:** einmal

Der lästige Frager

Pauca tibi semper respondeo multa roganti:
Non quia multa rogas, sed quia stulta rogas.

paucī, -ae, -a: (nur) wenige;
rogantī: einem, der fragt

An einen Geizhals

Solus habet, quod avarus habet; nil donat amico,
nil sibi dat. Solus non habet hoc, quod habet.

avārus, -ī m: Geizhals; **nīl** ~ nihil;
dōnāre: schenken;
hoc: dies(es)

Was sagen die anderen über mich?

Sunt quidam, qui me dicunt non esse poetam.
Et verum dicunt. Cur? Quia vera loquor!

quīdam: einige (Leute); **poēta, -ae** m: Dichter; **quia:** weil;
loquor ~ dīcō

„Philosophie“

Esse et habere bonum est. Dixit quis nescio Graius.
Addidit Almannus nescio quis: bibere.

quis nesciō: irgendein;
Grāius, -ī m: der Grieche;
Almannus, -ī m: der Deutsche

Reine Willenssache!

Quod volo, non possum. Quod possum, nolo vicissim:
Tota hominis vita est nil nisi „nolo, volo…“

vicissim: andererseits;
nīl ~ nihil

Die „Heimkehr“ des Äneas

Urbem Romam a Romulo conditam esse accepimus. Sed de hac re iam Romani antiqui[1] dubitabant. Nam nihil certi[2] sciebant. Alii narrabant urbem ab Aenea conditam esse, alii dicebant a Romulo. Multi scriptores[3] origines[4] Romae cognoscere studebant et in his studiis libere fabulas excogitaverunt[5]: Aeneam quondam ex urbe Troia fugisse et per multas terras multaque maria erravisse et primo in Africam, deinde in Italiam venisse tradunt. Vergilius autem, summus fortasse poeta[6] Romanorum, narrat reges Troiae originem[4] habuisse a Dardano. Qui erat filius Iovis et feminae mortalis et ante multa saecula[7], ut Vergilius narrat, ex Italia in Asiam venerat et ibi filiam primi regis Troiae uxorem duxerat. Quam ob rem Dardanus pater totius populi Troiani appellatus est ac Troiani „Dardani“ vocati sunt. Itaque Aeneas, cum in Italiam venit, quasi[8] in patriam antiquam[1] patris Troianorum rediit. Sic Romani originem[4] suam non modo ex Asia, sed etiam ex Europa duxerunt. Ab Aenea Lavinium conditum est. Multis annis post Iulus, filius eius, Albam Longam condidit. Ibi post longum tempus Romulus et Remus nati sunt. Quorum mater erat Rea Silvia, filia Numitoris, regis Albae Longae. Post multa saecula[7] Gaius Iulius Caesar, vir summae prudentiae, dixit nomen gentis suae originem[4] habere a Iulo, filio Aeneae. Sed has res nemo certe scit. Hoc quidem certe scimus: Roma non est uno die[9] condita.

1) **antīquus, -a, -um:** alt
2) **nihil certī:** nichts Genaues
3) **scrīptor, -ōris** m: Schriftsteller
4) **orīgō, -ginis** f: Ursprung
5) **excōgitāre:** (sich) ausdenken
6) **poēta, -ae** m: Dichter
7) **saeculum, -ī** n: Jahrhundert
8) **quasi:** gewissermaßen
9) **diēs, diēī** m: Tag

Hannibals Ende

Hannibal a Romanis apud Zamam victus Hadrumetum fugit
ibique novum proelium paravit.
Sed interea[1] Carthaginienses cum Romanis pacem[2] fecerunt.
At paulo post Hannibal a civibus re-vocatur
eique iterum imperium exercitus committitur;
immo cives eum regem faciunt!
Quae res Romanis non placuit.
Qua de causa nuntios Carthaginem miserunt.
Hannibal autem illos procul cernens secum cogitabat:
„Quam ob rem illi homines veniunt? Quid in animo habent?
Certe me hostibus tradi poscent.
At cur dubito? *Numquám períclum[3] síne períclo[3] víncitúr!*“
Itaque navem clam[4] ascendit[5]
et in Syriam ad regem Antiochum fugit.
Sed post multa pericula superata Hannibal in patriam redire
regnumque recuperare[6] studebat.
Cives autem eum punire[7] volebant.
Itaque ille ad regem Prusiam in Pontum fugit
et cum eo bellum contra Romanos paravit.
Etiam alios reges ad bellum incitare studebat,
sed eis non persuasit.
Romani autem, postquam illum apud Prusiam esse cognoverunt,
nuntios ad regem miserunt et illum tradi poposcerunt.
Sed rex respondit: „Hannibal hospes meus est;
qua de causa eum vobis non tradam.
Tamen eum facile invenietis.“
Ac profecto Romani eum cito in castello[8] haud procul sito invenerunt.
Hannibal autem multitudinem armatorum[9] ante castellum[8] conspiciens statim intellexit eos esse milites ac finem vitae suae adesse.
Tum secum cogitavit:
„Ego numquam in manus adversariorum cadam.
Me illis eripiam. Vir magni animi numquam hostibus tradetur.
Vita mea cum dignitate finietur.“
Deinde venenum[10], quod semper secum habere solebat, sumpsit.
Sic ille vir fortis metum mortis neglegens
anno aetatis suae septuagesimo[11] procul a patria vita decessit.

1) **intereā:** inzwischen
2) **pāx, pācis** f: Frieden
3) **perīclum** ~ perīculum
4) **clam:** heimlich
5) **ascendere** (hier): besteigen
6) **recuperāre:** wiedergewinnen
7) **pūnīre:** bestrafen
8) **castellum, -ī** n: Kastell
9) **armāre:** bewaffnen
10) **venēnum, -ī** n: Gift
11) **septuāgēsimus, -a, -um:** der siebzigste

Der Mann in der Tonne

Aetate regis Alexandri Magni in urbe Corintho vivebat homo singularis[1], cui nomen erat Diogenes. Cuius fama[2] tanta erat, ut etiam rex Alexander de eo audiret. Diogenes enim non in domo, sed in dolio[3] in foro collocato habitabat[4] et omnibus fere rebus, quas ceteri homines aut habebant aut cupiebant, abstinebat. Ita multi cives eum irridebant et canem appellabant. Pauci autem eum magna admiratione afficiebant, quod neminem timebat neque cuiusquam[5] auctoritatem neque dignitatem respiciebat.

Quondam rex Alexander Diogenem cognoscere voluit. Quam ob rem nuntios misit, ut eum arcesserent. Sed ille iter recusavit. „Ego“, inquit, „regem videre nolo. Sin me cognoscere vult, eum huc venire necesse est.“ Alexander primo iratus, deinde admiratione adductus Corinthum ire constituit. Cum oppidum intraret, ingens multitudo hominum convenit. Rex multis comitibus atque custodibus circumdatus statim in forum iit, ubi Diogenes in dolio[3] iacebat. Tum rex solus ad eum accessit dicens: „Salve, Diogene! Ut vales?“ Ille respondit: „Bene valeo. Quid vis?“ Rex autem: „Iam multa de te audivi. Itaque te cognoscere volo.“ Postquam de multis rebus disputaverunt[6], Alexander: „Priusquam abeo“, inquit, „dic mihi, quid a me petas; nam omnia, quae cupiveris, tibi dabo.“ Sed Diogenes regem vix aspiciens protinus dixit: „Peto a te, ut paulo recedas[7].“ Alexander non intellexit et iterum rogavit: „Quid a me petis, Diogene?“ Tum ille: „Recede paulo! Nam solem prohibes a me.“ Comites regis hac audacia commoti accurrerunt et clamaverunt: „Cave, canis, ne regem laedas! Qui si vellet, morte te afficere posset.“ Ad hoc Diogenes respondit: „Mortem non timeo, est enim donum naturae.“ Cum custodes Diogenem captum ante regem consistere iuberent, Alexander: „Desinite“, inquit, „viri, hunc hominem turbare[8]! Est vir verae humanitatis. Neminem timet, nemini paret nisi naturae. Tempus est abire.“ Et abiens comitibus dixit: „Nisi Alexander essem, Diogenes esse vellem.“

1) **singulāris, -is, -e:** einzigartig
2) **fāma, -ae** f: Ruf
3) **dōlium, -ī** n: Fass, Tonne
4) **habitāre:** wohnen
5) **cuiusquam:** irgendeines Menschen
6) **disputāre:** diskutieren
7) **recēdere:** zurücktreten
8) **turbāre:** stören

Welcher Besitz ist wertvoll?

Sehr früh kam unter den Menschen die Frage auf, was man eigentlich besitzen soll, um sein Leben sinnvoll zu gestalten. Die Philosophen der Griechen hatten darüber verschiedene Ansichten; eine davon wird in der folgenden Geschichte deutlich.

Aristippus philosophus' tempestate coepta cum comitibus ad litus Rhodi[1] insulae naufragio[2] e-iectus est.
Cum ibi animadvertisset geometricas' figuras' in solo[3] scriptas, ex-clamavisse dicitur: „Bene sperare nobis licet! Hominum enim vestigia[4] video!“ Statimque omnibus succedentibus in oppidum Rhodum[1] contendit et recta via gymnasium[5] petivit.
Quo[6] cum venisset, Aristippus de philosophia multa disseruit Rhodiis[7] magna cum admiratione audientibus.
Oratione[8] finita ab eis tantis muneribus donatus est, ut etiam comitibus et vestimentum[9] et cetera, quae ad vitam opus erant, offerre posset.
Cum autem comites eo duce ex inopia servati se in patriam referre vellent interrogarentque eum, quid domum renuntiarent[10], eos iussit dicere:
„Eas possessiones[11] liberis oportet parari, quae etiam e naufragio[2] servari possunt.
Ea enim sola vitae vero praesidio sunt, quibus neque fortuna con-versa neque civitate mutata neque cladibus in bello acceptis noceri potest.“

1) **Rhodus, -ī** f: Rhodos *(griech. Insel und Stadt in der Ägäis)*
2) **naufragium, -ī** n: Schiffbruch
3) **solum, -ī** n: Boden
4) **vestīgium, -ī** n: Spur
5) **gymnasium, -ī** n: Sportschule
6) **quō** ~ eō
7) **Rhodius, -ī** m: Einwohner von Rhodos
8) **ōrātiō, -ōnis** f: Rede
9) **vestīmentum, -ī** n: Kleidung
10) **renūntiāre:** als Botschaft mitbringen
11) **possessiō, -ōnis** f: Besitz

Diogenes' Handwerk

Um den Philosophen Diogenes ranken sich viele Geschichten. Seine Lebensart wird darin in unterschiedlichen Situationen verdeutlicht. Immer aber stößt man auf denselben Kern seiner Weisheit, auch in der folgenden Anekdote.

Diogenes ille clarus philosophus', cum aliquando Aeginam[1] navigaret, a piratis captus in servitutem abductus est.
Quem cum unus e civibus Corinthiis[2] emere vellet eumque interrogaret, qualem artem sciret: „Scio“, inquit Diogenes, „hominibus liberis imperare.“
Tali responso' dato philosophus' illi viro tam magnae admirationi erat, ut eum emeret statimque liberaret.
Qua re gesta filios suos ei tradidit: „Accipe“, inquit, „liberos meos, ut eis imperes!“ Itaque Diogenem eo patre prudenti[3] auctore magnam partem vitae Corinthi[4] egisse ferunt.

1) **Aegīna, -ae** f: Ägina *(kleine Insel südlich von Athen)*
2) **Corinthius, -a, -um:** aus Korinth *(Stadt auf der Peloponnes)*
3) **prūdēns, -ntis:** *Adj. zu* prūdentia
4) **Corinthī:** in Korinth

Graffiti-Wand in Pompeji

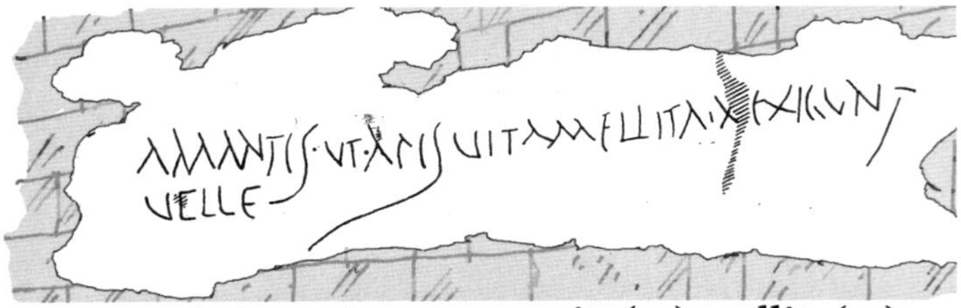

1 Amantes ut apes vita(m) mellita(m) exigunt.
Velle

apis, -is f: Biene; **mellītus, -a, -um:** honigsüß; **exigere** ~ agere; **velle** (hier): denkste! *(von zweiter Hand hinzugefügt)*

2 M(arcus) Attilius T(hraex) v(icit).
Hilarus Ner(onianus) (pugnarum) XIV c(oronarum) XIII, m(issus)

Thraex, -cis m: Thraker; **corōna, -ae** f: (Sieges-)Kranz; **corōnārum/pūgnārum:** *Gen. der Beschaffenheit*; **missus** (hier): begnadigt

3

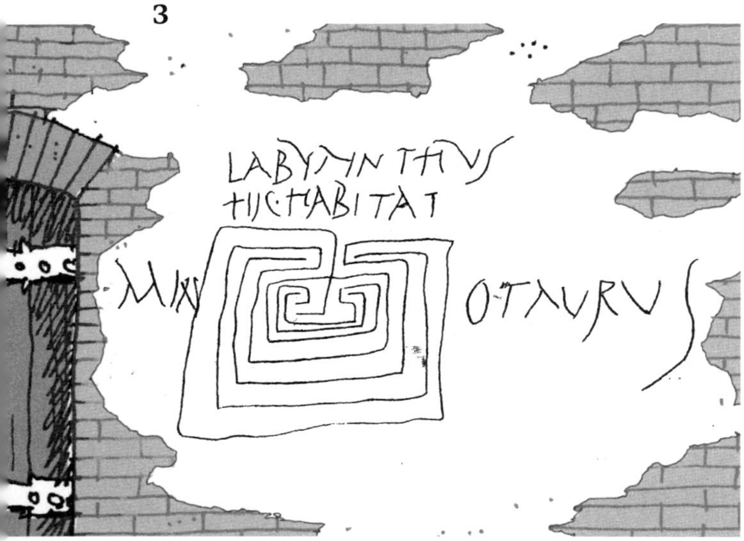

habitāre: wohnen

4

5 Admiror te, paries, non cecidisse (ruinis), qui tot scriptorum[1] ta(ed)ia sustineas.

pariēs, parietis m: Wand; **quī** *(m. Konj.)* ~ **cum** *(m. Konj.)*; **taedia, -ōrum** n: ekelhaftes Zeug

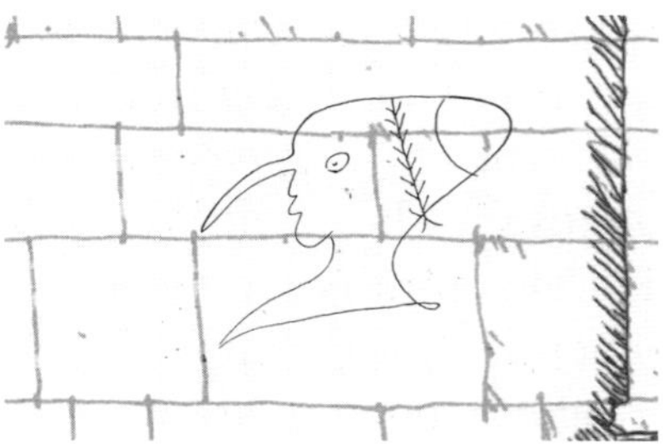

6 Minximus in lecto, fateor, peccavimus, hospes.
Si dices: Quare? Nulla matella fuit.

mingere *(Perf.* **mīnxī**): pinkeln; **peccāre**: einen Fehler machen; **matella, -ae** f: Nachttopf

Römische Inschriften

Rom ist eine Stadt voller Inschriften. Von der Antike bis in unsere Zeit wurden an Monumenten, Denkmälern oder Gebäuden zahllose dieser kurzen Info-Texte angebracht, die auch dem heutigen Leser interessante Einsichten vermitteln können.

An der Außenwand der Kirche St. Eustachio in der Nähe des Pantheons:

AN(no) SAL(utis) M VD
TIBERIS SERENO
AERE AD HOC ————
SIG(num) CREVIT NON(is)
DECEMBR(ibus) ALEX(andri)
VI P(ontificis) M(aximi) AN(no) III

serēnus, -a, -um: heiter, klar; **āēr, āeris** m: Wetter
Nōnae Decembrēs: die Nonen des Dezember (*5. Dezember*)

„Sprechende" Obelisken

Auf dem Quirinalshügel, angesprochen ist Papst Sixtus V.:

SALVE
OPTIME PRINCEPS
SALVE
PARENS POPULI ROMANI
VOTISQUE VIVE NOSTRIS
VIVE URBI TUAE
VIVE
ORBI CHRISTIANO
CUI TE DEUS
MAXIMUM RECTOREM
DEDIT

parēns ~ pater
rēctor, -ōris m: Lenker, Herrscher

Auf der Basis des Petersplatzobelisken:

CHRISTUS VINCIT
CHRISTUS REGNAT
CHRISTUS IMPERAT
CHRISTUS AB OMNI MALO
PLEBEM SUAM
DEFENDAT

rēgnāre ~ regere
dēfendat: (er, sie, es) möge verteidigen

Auf dem Obelisken der „Sonnenuhr" des Augustus:

IMP CAESAR DIVI F
AUGUSTUS
PONTIFEX MAXIMUS
IMP XII COS XI TRIB POT XIV
AEGYPTO IN POTESTATEM
POPULI ROMANI REDACTA
SOLI DONUM DEDIT

dīvus, -a, -um: göttlich
trib(ūnicia) pot(estās): Macht/Amt eines Volkstribuns
in potestātem redigere: in die Gewalt bringen

Wer ist denn „mein Nächster“?

Ein Gesetzeslehrer wollte Jesus auf die Probe stellen und fragte ihn: „Meister, was muss ich tun, um das ewige Leben zu gewinnen?“ Jesus sagte zu ihm: „Was steht im Gesetz? Was liest du dort?“ Er antwortete: „Du sollst den Herrn, deinen Gott, lieben mit ganzem Herzen und ganzer Seele, mit all deiner Kraft und all deinen Gedanken, und: Deinen Nächsten sollst du lieben wie dich selbst.“ Jesus sagte zu ihm: „Du hast richtig geantwortet. Handle danach und du wirst leben.“ Der Gesetzeslehrer wollte seine Frage rechtfertigen und sagte zu Jesus: „Und wer ist mein Nächster?“ Darauf erzählte Jesus folgendes Gleichnis:

Barmherziger Samariter (1907), Paula Modersohn-Becker (1876–1907).

„Homo quidam descendebat ab Ierusalem in Iericho et incidit[1] in latrones[2], qui etiam despoliaverunt[3] eum et plagis[4] impositis abierunt semivivo[5] relicto. Accidit autem, ut sacerdos quidam descenderet eadem via, et viso illo praeteriit; similiter et Levita[6], cum esset secus[7] locum et videret eum, pertransiit.[8] Samaritanus[9] autem quidam iter faciens venit secus[7] eum et videns eum misericordia[10] motus est et appropinquans alligavit[11] vulnera eius infundens[12] oleum[13] et vinum; et imponens illum in iumentum[14] suum duxit in stabulum[15] et curam eius egit[16]. Et altero die protulit[17] duos denarios[18] et dedit stabulario[19] et ait: ‚Curam illius habe[16], et, quodcumque supererogaveris[20], ego, cum rediero, reddam tibi.‘

Quis horum trium videtur tibi proximus fuisse illi, qui incidit[1] in latrones[2]?“

At ille dixit: „Qui fecit misericordiam[10] in illum.“ Et ait illi Iesus: „Vade[21], et tu fac similiter.“
(aus der lateinischen Bibel: Lukas 10, 30–37)

1) **incidere in**: fallen unter
2) **latrō, -ōnis** m: Räuber
3) **dēspoliāre**: ausplündern
4) **plāga, -ae** f: Schlag, Wunde
5) **sēmivīvus, -a, -um**: halb tot
6) **Lēvīta -ae** m: Levit (*Priester, der mit dem Tempeldienst betraut war*)
7) **secus** (*m. Akk.*): in der/die Nähe von
8) **pertrānsīre**: weitergehen
9) **Samarītānus, -ī** m: ein Mann aus Samaria (*die Samariter hatten sich von der Kultgemeinschaft der Juden getrennt*)
10) **misericordia, -ae** f: Barmherzigkeit
11) **alligāre**: verbinden
12) **īnfundere**: hineingießen
13) **oleum, -ī** n: Öl
14) **iūmentum, -ī** n: Lasttier
15) **stabulum, -ī** n: Wirtshaus
16) **cūram agere/habēre** (*m. Gen.*): Sorge tragen (*für jmdn.*), sich (*um jmdn.*) kümmern
17) **prōferre**: hervorholen
18) **dēnārius, -ī** m: Denar (*Geldmünze im Wert eines Tageslohns*)
19) **stabulārius, -ī** m: Gastwirt
20) **superērogāre**: zusätzlich ausgeben, aufwenden
21) **vādere**: gehen

Trink-Fest

In diesem mittelalterlichen Trinklied werden die potatores exquisiti *(auserlesenen Trinker!) zur intensiven Verfolgung ihres „Hobbys“ aufgefordert.*

Qui potare non potestis
ite procul ab his festis,
non est locus hic modestis
inter letos mos agrestis
modestie,
et est sue certus testis
ignavie.

pōtāre: trinken
fēstum, -ī n: Fest, Feier
modestus, -ī m: der Bescheidene, einer, der maßhält
letus, -a, -um ~ laetus, -a, -um; **agrestis, -is, -e:** ländlich, plump
modestia, -ae (hier: **-e**) f: Bescheidenheit, Mäßigung
sue ~ suae
īgnāvia, -ae (hier: **-e**) f: Lässigkeit, Faulheit

Traum-Frau

I.

Te vigilans oculis, animo te nocte requiro,
victa iacent solo cum mea membra toro.

Vidi ego me tecum falsa sub imagine somni.
Somnia tu vinces, si mihi vera venis.

vigilāre: wach sein; **requīrere:** suchen
Ordne: cum mea membra victa iacent solo toro; **membrum, -ī** n: Glied; **torus, -ī** m: Lager, Bett
imāgō, -ginis f: Bild, Abbild
somnium, -ī n: Traum

II.

O blandos oculos et inquietos
et quadam propria nota loquaces!

Illic et Venus et leves Amores
atque ipsa in medio sedet Voluptas.

inquiētus, -a, -um: unruhig
proprius, -a, -um: typisch, charakteristisch;
nota, -ae f: Wink, Zeichen; **loquāx, -ācis**: vielsagend
illīc: dort, genau da; **levis, -is, -e:** flink, leichtsinnig

Rom – die ewige Stadt? *(Konrad Celtis, 1459–1508)*

Annos mille sub hoc tumulo conclusa iacebam;
haec nunc Romanis extumulata loquar:
Non veteres video Romano more Quirites,
iustitia insignes nec pietate viros.
Sed tantum magnas tristi cum mente ruinas
conspicio, veterum iam monumenta virum.
Si mihi post centum rursus revideberis annos,
nomen Romanum vix superesse reor.

iacēbam: *das alte, „antike“ Rom spricht*; **tumulus, -ī** m: Grabhügel; **conclūdere** (*PPP* **conclūsum**)**:** einschließen, einsperren; **extumulātus, -a, -um:** vom Grab(hügel) befreit; **Quirītēs, Quirītium** m: Quiriten (*antike Anrede für die Bürger Roms*); **īnsīgnis, -is, -e:** ausgezeichnet, berühmt; **ruīna, -ae** f (hier): Ruine; **virum** ~ virōrum; **mihī:** *Dativ des Urhebers*; **centum**: 100; **revidēre:** wieder sehen; **superesse:** übrig sein

Die Ruinen der Kaiserpaläste in Rom (1804), Joseph-Anton Koch (1768–1839).

Lektion 1

1 Setze *-t* oder *-re* ein, übertrage die Sätze in dein Heft und übersetze sie.

1. Ubi Quintus exspecta ? ?
2. Non place ? tace ? .
3. Asinus non cessa ? clama ? .
4. Cur canis sub sole[1] iace ? ?
5. Amica veni ? cessa ? .
6. Exspecta ? non place ? .

1) **sub sōle:** in der Sonne

2 Bilde sinnvolle Sätze, übertrage sie in dein Heft und übersetze sie.

amica Quintus canis sol silentium	subito non non iam	venit est ardet exspectat tacet

3 Welche Prädikate passen zum Subjekt? Schreibe die passenden Sätze in dein Heft.

Asinus

ardet
placet
tacet
iacet
exspectat
est

4 Zum Knobeln

Füge die kleinen Wörter passend in die Lücken. Ein Wort bleibt übrig. Die fett gedruckten Buchstaben ergeben in der Reihenfolge der Sätze ein dir bereits bekanntes Wort.

subito – e**c**ce – no**n** iam – **c**ur – eti**a**m – ub**i**

? Quintus stat et clamat?
? asinus clamat.
? placet exspectare.
? est Flavia?
? amica venit.

Lektion 1–2

5 Setze in den Plural und übersetze.

1. Equus appropinquat.
2. Villa placet.
3. Servus venit.
4. Ubi donum est?
5. Amicus gaudet.
6. Serva venire properat.
7. Amica non iam procul est.
8. Matrona gaudet.

6
1. Marcus et Aulus gaudent.
2. Amica non apparet.
3. Servi appropinquant.
4. Flavia et familia eius[1] veniunt.
5. Servus et serva salutant.
6. Ubi dona sunt?
7. Canis et asinus tacent.
8. Cur servae rident?

1) **eius:** ihre

7 Gesucht

Übersetze die Wörter. Welches weitere „kleine Wort" ergeben die bezifferten Buchstaben in den lateinischen Entsprechungen? Was bedeutet es?

aber (1.) – fern (5.) – dort (2.) – auch (3.) – sicherlich (4.) – nicht (2.)

8 Füge die zerrissenen Teile wieder zu passenden Sätzen zusammen. Schreibe die Übersetzung jeweils in dein Heft.

Amici	placent.
Dona	clamant.
Ibi Marcus et Aulus	veniunt.
Asini	sunt.
Servi	appropinquant.
Equi	tacent.

Lektion 1 – 3

9a Setze in den Akkusativ Singular und Plural.

insula – periculum – servus – matrona – donum

b Setze in den Akkusativ Singular.

equos – asinus – amicas – familia – nuntios

10a Bilde die im Konjugationsschema jeweils folgende Form und übersetze.

iubeo – ridet – venis – properamus – estis – auditis – voco – parat – debes – parent – sum – respondetis – tacemus

b Wie lautet jeweils der Infinitiv der Formen?

11 Welches „Satzbild“ gehört zu welchem Satz? S = Subjekt, P = Prädikat, O = Objekt

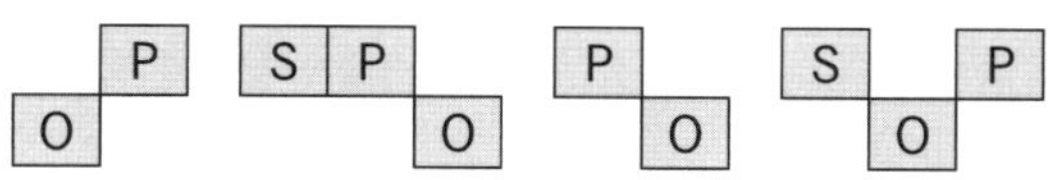

1. Quintus Flaviam vocat.
2. Nam amicam exspectat.
3. Sed Flavia non audit amicum.
4. Cur timet insulam Cretam?

12 Erzähle mit den angebotenen Wörtern zu diesem Bild eine Geschichte, die aus fünf kleinen Sätzen besteht.

eques
equus
equum
cuncti[1]
canis
periculum

... statim ... iubet
... valde latrat[2]
... non iam paret
nam timet
sed ... timent ...

1) **cūnctī:** alle 2) **lātrat:** (er) bellt

Lektion 1 – 4

13 Die nebeneinanderstehenden Wörter entsprechen sich in Kasus und Numerus. Füge den entsprechenden Signalteil an. Wo sind zwei Lösungen möglich?

amicorum	homin ?
servum	ardor ?
populi	senator ?
amicum	sol ?
nuntiorum	imperator ?
equos	consul ?

14 Setze die Wörter in Klammern in den Genitiv und übersetze die Verbindung.

regina (deae) – furor (homines) – amor (avus) – dea (amor) – ardor (spectacula) – equus (nuntius) – signa (dei) – verbum (imperator) – dona (amici) – periculum (furor)

15 Venus

1. Ecce! Ibi est Venus, dea amoris!
2. Quantus[1] ardor hominum!
3. Etiam Quintus et Flavia simulacrum deae vident.
4. Sedent et furorem populi vix[2] audiunt.
5. Cur spectaculum equorum non placet?

1) **quantus:** welche 2) **vix:** kaum

16 Setze die richtigen Signalteile ein und übersetze.

-ant -arum -em -em -ent -es -et
-i -is -iunt -orum -um -um

Homin ? imperator ? salut ? . Tum verba imperator ? aud ? et simulacra de ? atque de ? vid ? . Subito imperator sign ? spectacul ? dat. Quis furor ? homin ? tim ? ?

Lektion 1–5

1 a Setze den passenden Vokal ein und übersetze.

lud ? nt, gaud ? t, intr ? nt, audi ? nt, leg ? t, s ? nt, ven ? t, accurr ? t, cogit ? nt

b Nenne die Infinitive.

2 a Was signalisiert *-is* in den folgenden Formen?

dorm**is** – serv**is** – qu**is** – furor**is** – can**is** – sol**is** – dic**is** – de**is** – invad**is** – sign**is** – av**is** – consul**is** – equ**is** – lud**is** – est**is**

b Welche Formen sind Substantive, welche Verben?

3 Füge die Einzelteile zu Dativformen zusammen, schreibe sie in dein Heft und übersetze sie.

-li -crimae -stulis
-nis -tibus
noc- so-
-minibus ho- e-
la- peri- nun-
epi- sig- -tiis
-quo -culis

4 Ein Brief von Flavia

1. Quintus epistulam Flaviae legit. 2. Epistula Quinto valde placet. 3. Epistulae hominibus non semper placent. 4. Sed Quintus dicit: „Dum epistulam lego, Flavia a me[1] non procul est. 5. Amici ludunt et spectacula spectant[2]. 6. Sed ego pericula amicae cogito."

1) **ā mē:** von mir 2) **spectāre:** betrachten

Lektion 1–6

5 Kombiniere sinnvoll, schreibe die Sätze in dein Heft und übersetze sie.

1. Sumite	A. auxilium!
2. Pugnate	B. arma!
3. Defendite	C. piratas!
4. Superate	D. navem!
5. Date	E. tandem!

6 Suche alle Imperative heraus und bestimme die übrigen Formen.

gaude – amice – audi – furi – nauta – da – este – soli – lege – veni – ante – es – patres – equite – ecce – pugna – dare – sume – certe – dona

7 Gleiche die Adjektive an und übersetze.

1. Homines (laetus) sunt.
2. Matronam (maestus) saluto.
3. (Multus) spectacula spectamus[1].
4. Ventos (secundus) exspectant.
5. Senatores (novus) intrant.
6. Homines (magnus) oratori plaudunt.
7. Quid (solus) iudicibus non placet?

1) **spectāre:** betrachten

8 Der Überfall

1. Magna navis appropinquat. 2. Homines clamorem novum audiunt. 3. Subito multi piratae apparent. 4. Furor armorum magnus est. 5. Nautae navem defendunt. 6. Sed frustra[1] pugnant. 7. Piratae Romanos superant.

1) **frūstrā:** vergeblich

Lektion 1–7

9 Verbinde die Präpositionen sinnvoll mit den Ablativen und übersetze.

sine	auxilio
cum	amicis
e(x)	asino
in	aqua
	Creta
	servis
	consulibus
	iudice

10 Suche die Formen heraus, die keine Ablative sind, und bestimme sie. Nenne zu den Ablativformen jeweils den Nominativ.

vento – clamo – mentis – medicis – sole – sine – voluptate – matri – terra – supera – nauta – armis – audis – lude – dicis – furibus – noctis – servis – ama – foro – primo – nonne

11 Übersetze. Welche Antwort erwartet Quintus jeweils vom Arzt?

Quintus medicum rogat:
1. Mortuusne senator est?
2. Nonne senator mortuus est?
3. Num senator mortuus est?

12 Stelle aus folgenden Sätzen einen sinnvollen Text zusammen.

1. Sed unus medicum vocat.
2. Tum sedent ante basilicam[1].
3. Lucius et Quintus in foro ambulant.
4. Tandem medicus venit, spectat, dicit:
5. Statim multi auxilium dare non cessant.
6. „Lucius dormit."
7. Subito Lucius sine mente iacet.

Lektion 1–8

13 Ablative

Finde eine sinnvolle Übersetzung.

laetum esse de silentio – tota provincia – sine periculis esse – superare alios sapientia – cum lacrimis audire – spectaculo gaudere – in Creta – vitiis vacare – cum voluptate ambulare – silentio iacere – prima luce

14 Wo werden die Substantive und Adjektive im Satz als Prädikatsnomen, wo als Praedicativum verwendet?

1. **Primus** inter aequos dico.
2. Quis **primus** inter homines est?
3. Pater **praetor**[1] est.
4. Pater Cretam **praetor**[1] administrat.
5. **Unus** e cunctis taceo.
6. Ego **solus** sum.

1) **praetor, -ōris** m: Prätor (*hoher Verwaltungsbeamter*)

15 Kombiniere die Teile zu Substantiven und übersetze diese.

specta-	-ia
sapient-	-or
volup-	-ex
nunti-	-tus
servi-	-culum
ard-	-tas
iud-	-us

16 In den Thermen

1. Iam prima luce in thermis[1] sumus. 2. Sol ardet; itaque diu in aqua manemus. 3. Ibi non silentio ludimus, sed nos[1] magna voce incitamus. 4. Cuncti spectaculo gaudent. 5. Sed thermae[1] periculis non vacant.

1) **nōs:** uns

Lektion 1–9

1 Setze die Adjektive passend in die Lücken ein und übersetze.

asperae – aspera – dextra – misera – miseri – pulchra – pulchrorum – sinistra

1. Flavia ? est. 2. Flaviae non placet verba ? audire. 3. Non cuncti servi ? sunt. 4. Gallae fortuna ? non est. 5. Pugnae gladiatorum[1] ? sunt. 6. Columbus primo[1] ? pugnat, tum ? Pulchrum petit. 7. Puellis[2] spectaculum equorum ? magis[3] placet.

1) **prīmō:** zuerst 2) **puella, -ae** f: Mädchen 3) **magis:** mehr

2 Wie werden die Adjektive jeweils verwendet: als Attribut, Prädikatsnomen oder Praedicativum? Übersetze die Sätze.

1. Gladiatores[1] vitam **miseram** agunt.
2. Gladiator[1] **miser** in arena[1] iacet.
3. Gladiatores[1] **miseri** sunt.
4. **Laeti**ne gladiatores[1] arenam[1] intrant?
5. Maronilla **maesta** pugnas gladiatorum[1] spectat.
6. Columbus vir **robustus** est.
7. Fortuna gladiatorum[1] **dura** est.
8. Quis hodie **primus** pugnat?

3 Welche Form passt nicht zu den anderen?

asinorum – virorum – reorum – forum – furum – clamorum – puerorum – avorum

4 Der Philosoph im Amphitheater

1. Philosophus[1] maestus in amphitheatro[1] stat. 2. Pugnas virorum robustorum non amat. 3. Secum[1] cogitat: Homines non ad vitam tam asperam nati sunt. 4. Cur pueris spectacula tam aspera placent? 5. Cur non sapientia pulchra gaudent? 6. Ego horreo illud[2]: „Ave, Caesar, morituri[3] te salutant!"

1) **sēcum:** bei sich 2) **illud:** jenen Ausruf
3) **moritūrī:** die Todgeweihten

Lektion 1–10

5 Welche Teile passen zusammen? Übersetze deine Kombinationen.

err – ven – sol –	-abam
st – par – dorm –	-ebam
dic – d – aud – lud	-iebam

6 Die Germanen

1. Viri Germanorum robusti erant et liberi. 2. Regibus parebant et agros semper bene defendebant. 3. In pugnis magno ardore pugnabant. 4. Itaque populi alii Germanos valde timebant. 5. Vacabantne humanitate? 6. Legimus: Hospitibus semper auxilium dabant.

7 Lösungswort gesucht

Schreibe die Sätze mit jeweils passenden Prädikaten in dein Heft. Die Anfangsbuchstaben der Verben (1.–5.) ergeben das Lösungswort.

ardebat – audiebat – gaudebat – incitabat – laborabat – ludebat – vivebat – legebat

1. Quis spectaculis ? ?
2. Quis voces deorum ? ?
3. Quis in agris bene ? ?
4. Quis cum voluptate ? ?
5. Quis cunctos ad pugnam ? ?

8 Übersetze und nenne jeweils den Infinitiv.

appropinquabatis
conveniebamus
properabas
audiebam
ludebatis
tacebam
ridebant
agebat
eratis

Lektion 1–11

9 Übersetze die Perfektformen und führe sie jeweils auf die 1. Person Singular Präsens zurück.

a spectavi – petivisti – mutavit – dormivit – quaesiverunt – audivistis – putavi – amavisti

b dixisti – iussi – fuerunt – invasit – apparuit – exposuerunt – vixistis – horrui – plausistis

10 Füge zu den angegebenen Verben im Perfektstamm den jeweils passenden Signalteil.

a quaesiv- dormiv- desperav- petiv-

sie haben verlangt, ich habe geschlafen, wir sind verzweifelt, ihr habt gesucht

b plaus- fu- paru- invas- trax- imposu-

sie haben auferlegt, ich bin eingedrungen, du hast gehorcht, sie ist gewesen, sie haben Beifall geklatscht, ihr habt gezogen

11 Übersetze und erkläre, was Imperfekt und Perfekt jeweils ausdrücken.

1. Cuncti in circo[1] sedebant, cum subito imperator intravit.
2. Equi stabant in arena[1]. Aurigae[1] equos incitaverunt: Statim populus clamavit.
3. Cuncti aurigae[1] magno ardore pugnabant, sed unus primus fuit et ceteros superavit.
4. Populus stabat et clamabat; tum etiam Quintus et Flavia plauserunt.

1) **aurīga, -ae** m: Wagenlenker

12 Quintus berichtet.

1. „Spectaculum in circo[1] pulchrum fuit. 2. Cuncti magno cum ardore pugnam equorum spectaverunt. 3. Sed non cuncti laeti e circo[1] decesserunt, quod eorum[1] quadriga[2] non prima fuit. 4. Fortuna, ut semper, non cunctis secunda fuit."

1) **eōrum:** ihr
2) **quadrīga, -ae** f: Viergespann

Lektion 1–12

13 Übersetze die Perfektformen und verwandle sie jeweils ins Imperfekt.

tetigisti – cucurrerunt – descendimus – dedistis – legerunt – steti – tenuimus – statuimus – viderunt – vertistis – paruimus

14 In welchen sechs Formen erkennst du zwei Tempora?

sedimus – vertimus – statuit – vidit – moverunt – tenent – descendimus – accurrit – cucurrit – tetigimus – legimus – defendit – edit – respondimus – misit

15 Mädchenname gesucht

Nur drei Wörter sind der Form nach gleich. Ihre Anfangsbuchstaben ergeben einen Namen, den du auch erklären kannst.

audi – ibi – pugnavi – verbi – iussi – imperatori – ubi – addidi – ceteri – etsi

16 Philemon und Baucis

1. Philemon et Baucis iam diu vivebant. 2. Valde vir feminam amabat, femina virum. 3. Itaque deos sic petiverunt: „Semper pii in vos[1] fuimus, semper vos[1] coluimus, semper ad templa[1] deorum venimus. 4. Proinde audite preces: Eodem tempore[2] de vita decedere studemus." 5. Profecto mentes deorum tetigerunt et moverunt. 6. Statim dei homines pios in arbores[3] verterunt.

1) **vōs:** euch 2) **eōdem tempore:** zur selben Zeit
3) **arbor, -oris** f: Baum

Lektion 1–13

1 Nenne jeweils den Infinitiv Präsens und übersetze die angegebenen Formen.

exposueram – plauserant – steterat – videras – tetigeramus – statueratis – erraverat – egeram – traxerant – fueras – iacueramus

2 Welche Form gehört jeweils in die Lücke? Übersetze alle Formen.

manebam	???	manseram
???	defendit	defenderat
dabant	dederunt	???
???	addidit	addiderat
eram	???	fueram
vertebas	vertisti	???
cognoscebat	cognovit	???
servabat	???	servaverat
???	quaesivit	quaesiverat

3 Die Gäste erzählen am nächsten Morgen:

„1. Nocte miseri et maesti in urbem venimus. 2. Nam in mari piratae in navem nostram[1] per vim invaserant. 3. Nos a barbaris cunctis viribus defenderamus, sed illi[2] robusti fuerant et nos superaverant. 4. Alios necaverant, alios in mare praecipitaverant, alios in servitutem abduxerant. 5. Sed nos Fortuna e periculo servavit.“

1) **nostram:** unser 2) **illī:** jene

4 Wort gesucht

Setze die Pronomina so ein, dass die fett gedruckten Buchstaben von oben nach unten gelesen ein Wort aus dem Text ergeben. Eine Form bleibt übrig.

n**o**s – **n**obis – nobisc**u**m – vo**s** – vo**b**is – vobiscu**m**

1. Semper ? amici esse debemus.
2. Nam ? servavistis.
3. Bona mente ? auxilium dedistis.
4. Gaudete ?, amici!
5. Humanos ? putamus.

Lektion 1–14

5 Trenne die Sätze mit AcI jeweils in zwei selbstständige Sätze. Übersetze dann den Gesamtsatz.

Der Vater schreibt in einem Brief an Flavia:

1. Te in Gallia vivere audivimus.
2. Cunctos valde gaudere apparet.
3. Vos, te et Gallam, bene valere spero.
4. Certe scis nos cunctis viribus studere vos servitute liberare[1].

1) **līberāre:** befreien

6 Der Unfall

Füge die beiden Sätze jeweils zu einem AcI zusammen und übersetze.

1. Subito equi consistunt.	Domitius et Quintus sentiunt.
2. Domitius in viam cadit et sine mente iacet.	Quintus videt.
3. Quintus patrem valde curat.	Cuncti sciunt.
4. Pater bene valet.	Cognoscunt.
5. Etiam servi gaudent.	Apparet.

7 Diebe im Haus

1. Servus clamat fures in villa esse.
2. Audit dominum statim accurrere.
3. Alii servi, dum cito veniunt, sentiunt periculum magnum esse.

4. Vident enim hospitem ut mortuum humi[1] iacere.
5. Dominus iubet medicum venire.
6. Fures homines inhumanos esse dicit.

1) **humī:** am Boden

8 Alles klar?

Quintum cenam bonam exspectare apparet.

Lektion 1–15

9 Verbinde die Adjektivformen jeweils mit einem in Form und Inhalt passenden Substantiv und übersetze die Verbindung.

brevi – acres – felix – gravibus – omnium – facilis – immortalem[1] – felicis – omni – gravia

familiae – signum – hominum – saxa – imperatorem – pugnas – tempore – verbis – labor – hospitis

10 Bestimme die Pronomina und übersetze.

1. Sapiens[1] omnia **sua secum** portat.
2. Sapiens[1] omnia **sua** voluntate agit.
3. Sapiens[1] inter **suos se** felicem putat.

1) **sapiēns:** der Weise

11a Übersetze.

me defendo – te defendis – se defendit – nos defendimus – vos defenditis – se defendunt

b Führe die Reihen weiter und übersetze jeweils.

me specto ... – mihi cenam paro ... – mecum cogito ...

12 Venus, Paris, Helena

1. Venus se forma ceteras deas superare scit. 2. Itaque se dono suo gratiam[1] Paridis[1] conciliare[1] putat. 3. Paris autem se suo iudicio Venerem delectare[2] sentit. 4. Tum Helenam, formosissimam[3] omnium mortalium, suam esse putat. 5. Graeci se victoria[4] sua Helenam e Troia in patriam re-portare gaudent.

Schönheitskonkurrenz

1) **grātiam Paridis conciliāre:** die Gunst des Paris gewinnen 2) **dēlectāre:** erfreuen 3) **fōrmōsissimam:** die schönste 4) **victōria, -ae** f: Sieg

Lektion 1–16

13 Äneas

a Übersetze.

Vergilius poeta[1] narrat

1. ... Aeneam asperam Troiae fortunam horruisse.
2. ... Aeneam cum amicis e patria in Africam venisse.
3. ... Aeneam diu apud Didonem[2], Carthaginis reginam, mansisse.
4. ... Aeneam tum ab Africa in Italiam navigavisse.
5. ... Aeneam amicos ibi a magnis periculis defendisse.
6. ... Aeneam eis ibi postremo novam patriam dedisse.

1) **poēta, -ae** m: Dichter 2) **Dīdōnem:** *Akk. zu* Dido

b Nenne zu jedem Infinitiv Perfekt den entsprechenden Infinitiv Präsens. Um welche Perfekt-Bildung handelt es sich jeweils?

14 Setze den Infinitiv Präsens jeweils ins Perfekt und übersetze die Sätze.

Tacitus narrat

1. ... Germanos servitutem valde horrere.
2. ... Germanos magna pericula non timere.
3. ... Germanos humanitate non carere.

15 Cäsar und die Gallier

1. Quis ignorat Gallos Romanis paruisse? 2. Pacem[1] Romanam eis placuisse apparet. 3. Caesar se pugnis gravibus Germanos superavisse narrat. 4. Etiam scribit se Gallis auxilium dedisse. 5. Scimus autem Caesarem postremo Gallos iussisse semper amicos Romanorum esse.

1) **pāx, pācis** f: Frieden

Lektion 1–17

1 Dem Futur auf der Spur

Suche die Futurformen. Übersetze sie. Bestimme und übersetze die übrigen Formen.

cibis – dabis – debebis – flebis – nobis – orabis – scribis – stabis – urbis – valebis

agam – aram – mittam – patriam – piam – quamquam – tradam – sciam – tam – veniam – veram – viam – villam – vivam

2 Was passt zusammen?

1. Valde clamabo,	A. si vires tuas bene parabis.
2. Omnes plaudent,	B. si amicos victores esse videbo.
3. Ipse[1] victor eris,	C. si victores in urbem venient.

1) **ipse:** selbst

3 WER – WESSEN ...

Übersetze und bestimme die Verbformen.

1. **Quis** Romam veniet?
2. **Cuius** templum[1] cuncti spectabunt?
3. **Cui** Flavia monumenta fori explanabit?
4. **Quem** urbs pulchra non delectabit?
5. **Quocum** Flavia et Quintus per urbem current?

4 Such's!

Alle Formen des Interrogativ-Pronomens sind waagerecht, senkrecht und diagonal im Gitter versteckt. Wo sind sie? Übersetze sie.

C	R	Q	I	M	A
E	U	U	C	U	Q
O	R	I	E	T	U
B	A	S	U	L	E
S	C	U	I	S	M

Lektion 1–18

5 Dasselbe und doch nicht dasselbe

Bestimme und übersetze die Formen.

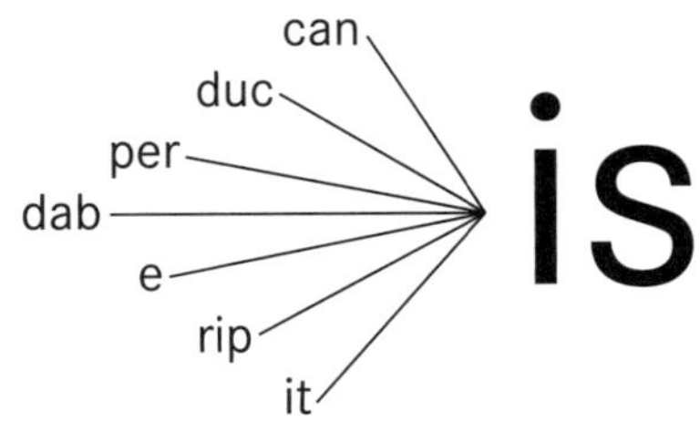

6 Die Germanen

Ergänze das passende Relativ-Pronomen. Übersetze dann den Satz.

1. Germania, ? longe ab Italia ab-est, terra aspera est. (quam, quae, quod)
2. Germani, ? omnis humanitas deest[1], vitam liberam agunt. (cui, quibus, qui)
3. Sed Germanorum civitates, ? mores adhuc sinceri[2] sunt, deos valde colunt. (quae, quibus, quarum)
4. Rex Germanorum, ? multi viri liberi parent, saepe in Gallos bella parat. (quorum, qui, cui)

1) **dēesse:** fehlen 2) **sincērus, -a, -um:** rein

7 Stadtmaus und Landmaus

1. Mus urbanus[1] amicum, qui in agris vitam miseram agit, in villam suam, quae in urbe sita est, invitat. 2. Mox in urbem eunt et villam intrant cibisque bonis se diu delectant. 3. Sed subito canis ingens magna voce clamat eosque valde terret. 4. Hospes autem: „O me miserum[2], hic peribo!" 5. Secum cogitat: „Redi statim in patriam, in qua semper felix vives! 6. Cito fuga petit salutem.

1) **mūs (mūris) urbānus (-ī):** Stadtmaus 2) **O mē miserum!:** Oh ich Arme!

Lektion 1–19

8 Wollen ist alles.

Füge die geforderten Formen in das Buchstabengitter ein. Du erhältst im umrandeten Feld einen Flavia und Quintus bekannten Namen. Übersetze die restlichen Formen.

ihr wollt
er wollte
du willst nicht
er hat gewollt
du wirst nicht wollen

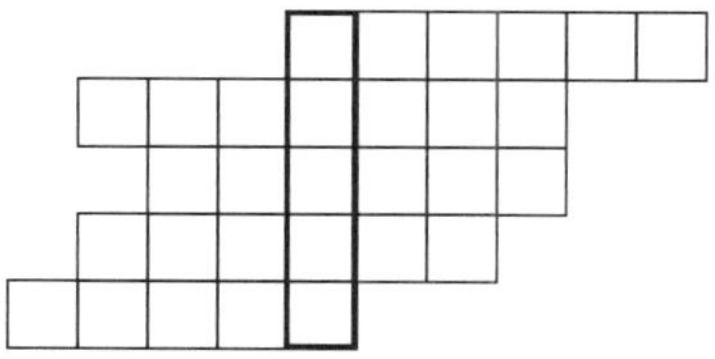

vis – noles – volebat – noluerunt – velle – nolent – non vis – vultis – voletis – nolebatis – voluit

9 Was, wenn ...?

Die Stadtführerin verspricht den Rombesuchern:

1. Cum ad forum Romanum venerimus, multa templa[1] pulchra spectabitis.
2. Cum ad ARAM PACIS constiterimus, certe imperatori Augusto gratiam agetis.
3. Cum thermas[1] intraverimus, nemo vestrum[1] voluptatibus carebit.
4. Cum per totam urbem cucurrerimus, vobis tabernam[2] egregiam ostendam.

1) **vestrum:** von euch 2) **taberna, -ae** f: Taverne

10 Verschiedene Besitzer

Stelle zutreffende Verbindungen her.

1. Minervae	A. forma egregia est.
2. Veneri	B. animus asper est.
3. Iunoni	C. summum imperium est.
4. Iovi	D. magna sapientia est.

11 Mauerträume

Lektion 1–20

12 Vorsicht!

Welche Formen gehören zur kurzvokalischen i-Konjugation? Übersetze sie. Bestimme und übersetze die restlichen Formen.

capiemus – legebat – audiebamus – currite – cupe – caret – conspicite – clamabis – aperio – caditis – incipient – accipio – age

13 Schule und Ferien

1. Romanorum pueri et puellae scholam[1] quasi[1] ludum[2] esse putabant. 2. Itaque omnes semper libentes aderant. 3. Nam ei, qui a schola[1] afuerant, non solum multis litteris carebant, sed etiam multis voluptatibus interesse non poterant. 4. Atque sciebant: „Non scholae[!3], sed vitae[3] discimus[4].“ 5. Sed per ferias[5] quis ex eis non potuit laetus abesse a ludo[2] et a litteris?

1) **quasi:** gleichsam 2) **lūdus, -ī** m: Spiel 3) *Übersetze den Dativ jeweils mit „für“.* 4) **discere:** lernen 5) **per fēriās:** in den Ferien

14 Odysseus' innere Stimme

1. „Audi, Ulixes! Graeci Troiam capere poterunt, si eis dolo[1] aderis. 2. Cogita donum, quo animos barbarorum movere potes! 3. Nam ei portas[2] oppidi aperire valde cupient, si id donum conspexerint. 4. Ita Troiani necopinantes[3] Graecos in oppidum suum accipere parati erunt. 5. Tum vos omnes animo acri pugnae interesse debebitis. 6. Neque vobis victoria[4] iam longe aberit.“

1) **dolus, -ī** m: List 2) **porta, -ae** f: Tür, Tor 3) **necopīnantēs:** nichts ahnend 4) **victōria, -ae** f: Sieg

Lektion 1–21

1 Welche Formen gehören zu *res*?

rem rex reis
rerum
re redi
reo rei
rege
regnum
rebus

Bestimme die restlichen Formen.

2 Verschieden verwendet!

Übersetze.

Da mihi *spem*! – *Spes* nobis non est. – Auxilium est in *spe*. – Contra[1] *spem* domum venistis.

1) **contrā** *(m. Akk.)*: gegen

3 Hier sind acht Formen von Substantiven der ē-Deklination versteckt. Finde und übersetze sie.

S	F	R	R	S
P	I	E	E	P
E	D	S	R	E
R	E	B	U	S
S	P	E	M	E

4 Antworte auf Lateinisch.

1. Graeci ante Troiam magnam *rem* reliquerunt. Quid fuit? 2. Paris Veneri *rem* iucundam dedit. Quid fuit? 3. Homerus de *re* ingenti narrat. Quid est?

5 Welche Eigenschaft passt zu ihm?

vir
summae prudentiae
magna vi corporis
egregiae formae
magna fide

Lektion 1–22

6 Bilde Adverbien.

brev-
public-
clemen-
ver-
asper-

-e oder **-(i)ter**?

7 Wo war Odysseus?

Füge die passenden Adverbien ein. Zwei bleiben übrig. Die markierten Buchstaben ergeben der Reihe nach das Lösungswort.

acriter - inhumane - longe - libere - feliciter - pulchre - libenter

1. Ulixes ex insula Circae ? evasit. 2. Sirenes ? cantaverunt[1]; ita omnes perturbaverunt. 3. Ulixes haud ? a Scylla et a Charybdi navigavit. 4. Polyphemus socios Ulixis ? necavit. 5. In Ithaca Ulixes cum in-imicis ? pugnavit.

1) **cantāre:** singen

8 Porträt

Wessen Bild gehört in den Rahmen?

1. Haec summa fide fuit. 2. Huius vir diu et longe a patria afuit. 3. Quis Graecorum huic non favit? 4. Hanc etiam hodie homines sciunt. 5. De hac Homerus narrat.

9

Welche Formen entsprechen sich nach Kasus, Numerus und Genus?

eis – ea – eas – is – eorum – ea – eius – earum – ei

horum – hoc – his – hac – hae – has – huic – haec – hic – harum

Welche Form hat keine Entsprechung?

Lektion 1–23

10 Perfekt-Graffiti

Bilde aus den Graffiti Formen des Perfekt Passiv. Führe sie auf den Infinitiv Präsens zurück und übersetze sie.

11 Ordne den Subjekten jeweils das passende Prädikat zu und übersetze.

Naves	a.	1.	relictus est.
Equus	b.	2.	apertae sunt.
Auxilium	c.	3.	necati sunt.
Urbs	d.	4.	incensae sunt.
Filii	e.	5.	petitum est.
Portae	f.	6.	incensa est.

12 Äneas in der Unterwelt

1. Aeneas a Sibylla ad inferos[1] ductus est. 2. Ibi inter mortuos Dido visa est. 3. Statim ab eo appellata est. 4. Sed Aeneas ab ea neque aspectus neque auditus est. 5. Itaque animo valde perturbatus est.

1) **īnferī, -ōrum** m: die Unterirdischen, die Unterwelt

13 Führe die Perfektformen auf den Infinitiv Präsens zurück und übersetze.

A quo Aeneas de voluntate deorum monitus et Carthagine decedere iussus et Didonem relinquere coactus est?

14 Ungleiche Paare

CAPTA – CAPITA; MOTA – MONITA; COACTA – COGITA; TERRA – TERRITA

Lektion 1–24

15 Kombiniere zu sinnvollen Sätzen.

Moenia	a fratre	defensa erat.
Remus	a Circa	aedificatus erat.
Urbs	a Graecis	exstructa erant.
Socii	a Troianis	interfectus erat.
Equus	a periculis	in sues[1] mutati erant.

1) **suēs, suum** m:

16 Romulus überlegt …

Setze die passenden lateinischen Formen ein.

incensus ero – datum erit – captae erunt – paratum erit – factus ero – circumdata erit

1. Si urbs moenibus (*umgeben wird*), periculis vacabimus.
2. Si regnum mihi (*gegeben wird*), urbem novam omnibus viribus defendam.
3. Cum rex (*gemacht werde*), salutem civium defendam.

17 Quis scit VIRUM?

1. … cui frater acer erat. 2. … a quo urbs nova condita est. 3. … cuius nomine urbs appellata est. 4. … qui urbem moenibus circumdedit. 5. … quem dei mortuum in caelum sustulerunt.

18 Setze anstelle des Demonstrativ-Pronomens jeweils den relativischen Satzanschluss.

1. … urbes; eae ↳ ? magnae erant.
2. … Troiani; eorum ↳ ? fugam Dido sensit.
3. … homines; eis ↳ ? fidem habemus.
4. … res; eas ↳ ? libenter fecisti.
5. … dona; eis ↳ ? gaudetis.

19 Dieselbe Form für drei verschiedene relativische Satzanschlüsse. Wie lautet sie?

1. Videsne ibi virginem?	?	Romam venit.
2. Spectat multa templa[1].	?	alta sunt.
3. Ambulat cum amicis.	?	in urbe vivunt.

Lektion 1–25

1 als – weil – obwohl

Übersetze das Partizip jeweils mit einem Gliedsatz.

1. Urbs Troia capta diu ardebat. 2. Amore commotus Aeneas Didonem reliquit. 3. A deis coacti Troiani fugae se dederunt.

2

EUROPA
a love abducta
nomen suum
continenti[1] nostro
dedit.

Finde die beste Übersetzung.

3 Aus eins mach zwei!

Bilde jeweils zwei Sätze und übersetze.

► Urbem petitam defendimus.
⟶ Urbs petita est; eam defendimus.

1. Monumentum perfectum spectabimus. 2. Laboribus actis omnes gaudent. 3. Quis homini periculis oppresso auxilium non dat?

4a Führe alle Partizipien auf den Infinitiv Präsens zurück und übersetze sie.

factum – incitati – offensus – data – liberati – iuratum – iussum – mota – superati – incensus

b Setze aus den vorgegebenen Partizipien die passenden ein. Das Lösungswort ist der Name einer Göttin, die für die Troianer gefährlich war.

?	?	?	e	?	a	t	i
i	?	?	?	u	m		
?	?	?	e	n	?	?	s
?	?	t	a				

Lektion 1–26

5 Ordnung im Passiv!

Zeichne eine Tabelle, ordne die Passivformen nach Präsens, Imperfekt und Futur ein und übersetze sie.

cogeris – ponebamur – appellor – afficieris – rapiebaris – ducetur – fallimur – amabamini – audiar – tanguntur – finimini – timebantur – capiemur – pellentur – custodiebar – movetur – terrebimini – tenebatur

6 Wo steckt der Infinitiv Präsens Passiv?

duc-
ven-
amor-
miss-
reg-
ib-
cap-
amar-
capt-
mitt-

Finde und übersetze alle Infinitiv-Präsens-Passiv-Formen.

Bestimme die anderen Formen und stelle fest, wo es zwei mögliche Lösungen gibt.

7 Warum kombiniert Krösus falsch?

1. A Croeso, rege Lydorum, oraculum Delphicum consulitur. 2. „Quis post bellum contra[1] Persas factum victor appellabitur?“ 3. Respondetur a Pythia: „Croese, si Halyn transieris, magnum regnum opprimetur.“ 4. Croesus secum cogitat: „Hoc oraculo ad bellum incitor.“ 5. Itaque pugnat cum Persis; sed mox regno suo privatur.

1) **contrā** (*m. Akk.*): gegen

8 Heilige Gänse

Ab anseribus[1], qui in Capitolio alebantur[2] neque necabantur, quod Iunonis sacri habebantur, Roma servata est.

1) **ānser, -eris** m: Gans
2) **alere:** ernähren

Lektion 1–27

9 Führe die Formen auf den Nominativ Singular zurück. Bestimme und übersetze sie.

puerum – iterum – furum – marium – proelium – rerum – mortuum – metum – forum – exercitum – aequum – impetum – nondum – exercituum – equum – tum

Welche Formen passen nicht in die Reihe?

10 DIES ATER[1]

Romanorum exercitus impetum Gallorum ad Alliam non sustinuerat et cladem gravem acceperat. Ita cives Romae summo metu affecti mortem exspectabant. Urbs tum quidem feliciter servata est. Sed ille „dies ater[1]" a Romanis semper memoria tenebatur[2].

1) **āter, -tra, -trum:** schwarz
2) **memoriā tenēre:** im Gedächtnis behalten

11 Welchen besonderen Sinn hat hier das Demonstrativ-Pronomen *ille*? Übersetze.

Goldmünze 1. Jh. v. Chr.

1. Socrates, *ille* philosophus[1] Graecorum ...
2. Alexander, *ille* imperator terrarum ...
3. Iuppiter, *ille* custos[1] deorum atque hominum ...
4. Hercules, *ille* vir magna vi corporis ...

1) **custōs, -ōdis** (< custōdīre) m: Wächter

12 Diese und jene

Ein Römer vergleicht seine Landsleute mit den Germanen:

1. Hi civitatem iure et imperio regunt, illi magna cum libertate vivunt. 2. Horum mores ab omnibus egregii appellantur, illorum audacia ab omnibus timetur.
3. His humanitas, illis furor est. 4. Hos dei dominos terrarum fecerunt, illos ceterae gentes horrent.

Lektion 1–28

13 Welche Verbindungen sind möglich? Übersetze die Partizipien.

e-	d-	tang-	ag-	-a-ntes
ru-	st-	sc-	fug-	-e-ntes
voc-	vid-	fin-		-ie-ntes
rap-	fall-	aud-		-u-ntes

14 Roms Retter?

Füge aus dem Kasten die passenden Partizipien ein.

ponens – pervenientes – clamantes – im-pellens – rapiens – petentes – timentes – audientem – euntes

1. Galli in summum arcis ? a canibus non animadvertebantur. 2. Anseres[1] autem ? Manlium excitaverunt. 3. Is arma ? et ceteros milites ad pugnam ? in hostem ruit.
4. Milites periculum mortis ? tamen in Gallos arcem ? properaverunt eosque superaverunt.

1) **ānser, -eris** m: Gans

Die markierten Buchstaben ergeben in der Reihenfolge der Sätze gelesen das Verhalten der von Manlius zum Kampf angespornten Soldaten.

15 Hannibal vor Rom

Sein General Adherbal stellt Fragen:

1. „Qua re, Hannibal, urbem expugnare non temptas? 2. Quo timore a capite Romanorum arceris? 3. Quae moenia tibi resistere possunt? 4. Quibus rebus commotus aspicis, sed non oppugnas Romam?"

Lektion 1–29

1

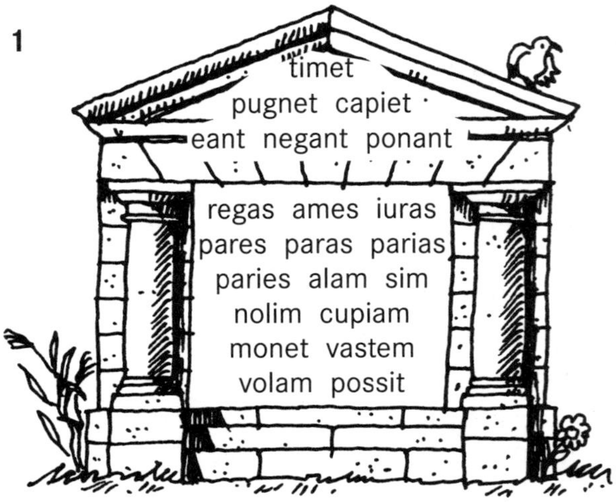

Hole alle Konjunktivformen aus dem Tempel und bestimme die restlichen. Bei welchen Formen gibt es zwei Möglichkeiten?

2 Vorsicht, Konjunktiv! Oder?

Was könnten die Formen noch sein?

eam – parcas – pares – iudicem – labores – sitis

3 Fragen über Fragen

Übersetze und überlege, welche abhängigen Sätze hier vorliegen.

Veturia nescit,

1. ... cur filius patriam petat.
2. ... utrum Coriolanus filius an hostis sit.
3. ... num filius uxori et liberis faveat.
4. ... quo modo mentem filii mutare possit.

4 Der Vater befiehlt.

Füge die Prädikate passend ein und übersetze.

eas – iures – teneas – sis – velis

1. „Hannibal, interrogo te, num mecum in castra venire ? . 2. Oro te, ut mecum in templum[1] Iovis ? . 3. Postulo a te, ne umquam[1] in amicitia cum Romanis ? . 4. Impero tibi, ut aram manu ? et id per[2] Iovem ? ."

1) **umquam:** jemals 2) **per** (hier): bei

Lektion 1–30

5a Nenne zu den Konjunktiv-Perfekt-Formen jeweils den Infinitiv Präsens Aktiv.

dederis – ceperimus – fueritis – potuerim – redierit – fefelleris – sustulerim – venerint

b Setze die passenden Formen ein und übersetze.

Incertum est,
1. cur amici non cito Romam ?
2. num etiam vos diu in itinere ? .
3. quando manus iuvenum domum ? .

6 CUM: als – weil – obwohl?

Die hervorgehobenen Buchstaben ergeben in der Reihenfolge der für *cum* gesetzten Bedeutungen ein Wort, das dir im Text begegnet.

1. Alexander, **cum** se a Iove natum esse[1] cognoverit, imperium omnium terrarum petit. 2. Milites, **cum** summis laboribus oppressi sint, Alexandrum colunt. 3. Diogenes, **cum** Alexandrum sibi[2] umbram[3] facere viderit, dicit: „Abi a sole!"

1) **nātum esse** (hier): abstammen 2) **sibī** (hier): ihm
3) **umbra, -ae** f: Schatten

7 CATILINA!

Wähle die richtige Form aus und übersetze.

Omnes sciunt,
1. quanto furore *inciteris/incitatus sis.*
2. cur a te exercitus *cogantur/coacti sint*.
3. quam vehementer cives a te *sollicitentur/ sollicitati sint.*

8 Nenne zu den Konjunktiv-Passiv-Formen jeweils den Infinitiv Präsens Aktiv.

superer – iussi sint – terreamini – responsum sit – defendantur – dimissi sint – cognita sis – capiaris – circumventi simus

Lektion 1–31

9 Lüfte das Geheimnis der Pyramiden.

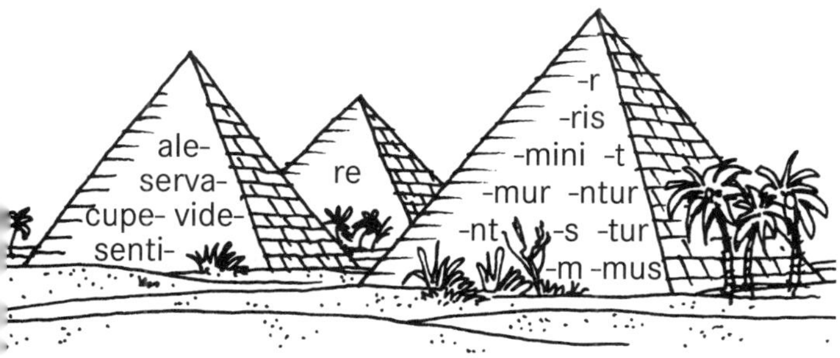

Bilde aus den Elementen in den Pyramiden möglichst viele Formen des Konjunktiv Imperfekt.

10 *cum – cur – ne – ut*

Welches Wort passt als Satzverbindung? Begründe.

Caesar sciebat, ? multi id agerent,
? Romae regeret.

11 Kleopatra in Rom

a Übersetze.

1. Cum multi orarent, ut Cleopatram viderent, ea a Caesare in urbem ducta est. 2. Cleopatra omnibus placebat, cum Romam venisset. 3. Cleopatra nesciebat, num Caesar id ageret, ut in Aegyptum reduceretur. 4. Ne a Caesare relinqueretur, id omnibus mulieris artibus studuit.

b Welches Satzgefüge-Schema gehört zu welchem Satz?

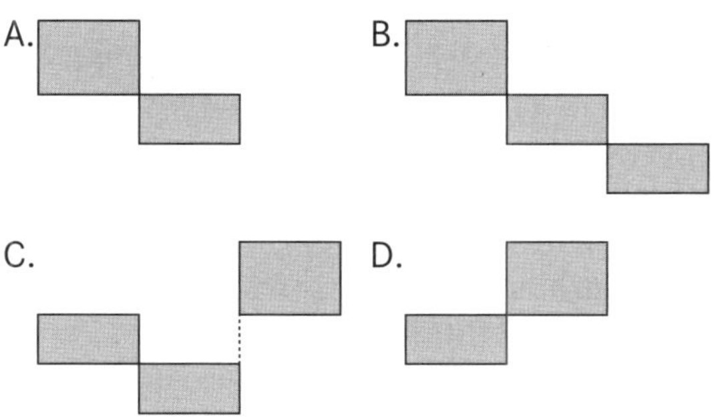

Lektion 1–32

12 Wenn nicht . . .

1. Nisi Croesus Halyn flumen[1] transisset,
   magnum regnum non esset deletum.
2. Nisi omina[2] deorum neglecta essent,
   Caesar interfectus non esset.
3. Nisi Vesuvius mons e-rupisset,
   Pompeii non perissent.
4. Nisi terra moveretur,
   sol medio in mundo[3] non esset.

1) **flūmen, -minis** n: Fluss 2) **ōmen, -minis** n: Vorzeichen
3) **mundus, -ī** m: Welt(all)

13 Kombiniere.

1. Si etiam hodie gladiatores[!] in arena[!] pugnarent,
2. Si mihi gladius esset,
3. Si homines semper ludis tantum interessent,
4. Si artes litterasque neglegeremus,

A. humanitate careremus.
B. fortasse vitam beatam non agerent.
C. certe multi eos spectarent.
D. cum gladiatoribus[!] pugnarem.

14 Hättest du geschwiegen . . .

Si tacuisses,
1. philosophus[!] mansisses.
2. philosophus[!] adhuc esses.

Worin unterscheiden sich die beiden Sätze?

15 Denk dir die Folgen aus.

1. Si verum dixissem, . . .
2. Nisi barbarus essem, . . .
3. Si victoriam peperissem, . . .
4. Nisi a te relictus essem, . . .

Lektion 1–33

1 Fremdwort – nicht mehr fremd

Ordne den deutschen Formen die entsprechenden lateinischen aus dem Kasten zu. Die Reihenfolge der gekennzeichneten Buchstaben ergibt ein Fremdwort, das du nun erklären kannst.

perferrent – distuli**t** – fe**r**unt – e**ff**erens – fer**a**t – perferente**s** – per**f**er – afferet**i**s – fe**r** – per**t**uli – efferte – **re**feret – fera**n**t – diff**e**runt

1. ertrage 2. er wird melden 3. heraustragend 4. sie schieben auf 5. man berichtet 6. er soll tragen 7. ich habe überbracht

2 Weisheiten

1. Perfer et obdura[1], multo graviora[2] tulisti! 2. Quod differtur, non aufertur[3]. 3. Se laudibus efferre nimia superbia[!] est.

1) **obdūrāre:** hart sein 2) **multō graviōra:** viel Schlimmeres 3) **auferre (< ab-ferre):** wegtragen, aufheben

3 Auf der Suche

Übersetze die Sätze. Bestimme alle Formen von *ferre* und Komposita.

1. Diogenes meridie[1] per vias urbis ambulabat lucernam[2] manu ferens. 2. Cum autem cives interrogavissent: „Cur, Diogenes, clara luce[3] hanc lucernam[2] fers? Quid quaeris? Quam rem ad dolium[4] tuum referre vis?", eum respondisse ferunt: „Homines quaero."

1) **merīdiēs, -ēī** m: Mittag 2) **lucerna, -ae** f: Laterne 3) **clārā lūce:** am helllichten Tag 4) **dōlium, -ī** n: Fass, Tonne

Lektion 1–34

4 Einer bleibt übrig.

Welcher Ablativus absolutus passt in welche Lücke der Sätze 1–3? Übersetze.

Gallia pacata – victoria parta – luce facta – multis oppidis incensis

1. ? Vercingetorix Romanis resistere non desiit. 2. ? Romani domini Galliae erant. 3. ? Caesar in Italiam redire voluit.

5 Was ist falsch übersetzt?

Barbarus cive necato Romam trahebatur. „Der Barbar wurde zusammen mit dem getöteten Bürger nach Rom geschleppt."

6 Kurz und bündig

Kombiniere die lateinischen und deutschen Konstruktionen, die sich inhaltlich entsprechen. Übersetze die lateinische dann mit einem Gliedsatz.

1. armis depositis	A. auf ein Zeichen hin
2. consilio cognito	B. nach Empfang der Nachrichten
3. signo dato	C. trotz Kenntnis des Planes
4. nuntiis acceptis	D. durch Niederlegen der Waffen

7 Genie gefährdet

1. Alcibiades erat vir egregius et in vitiis et in virtutibus. 2. Ita multis invidiae, plebi admirationi erat. 3. Bello autem cum Lacedaemoniis incepto patriae suae saepe auxilio venit. 4. Sed postremo multis cladibus acceptis omnibus civibus odio erat.

Lektion 1–35

8 Aus zwei mach eins!

Bilde sechs sinnvolle Ablativi absoluti und übersetze sie.

patre	plaudentibus
civibus	auctore
sole	instantibus
consule	occidente
nullo	vivo
periculis	prohibente

9 Nur drei passen.

Welche Verbindungen ergeben sinnvolle Aussagen? Übersetze sie.

Civibus fugientibus	
Nerone canente	
Barbaris saevientibus	urbs Roma
Multis auxilio venientibus	igne deleta
Cicerone consule	est.
Ulixe auctore	

10 Immer anders

Nero Christianos accusavit,	NE	ipse in suspicionem veniret.
Militibus imperavit,		Christianis parcerent.
Periculum erat,		omnes Christiani perirent.

11 Gegen den Schwätzer

Cive diu stulte garriente[1] Zenon philosophus[1] hoc dixit: „Ob id duas habemus aures, unum os, ne multa dicamus, sed ut multa audiamus."

1) **garrīre:** schwätzen

Lektion 1–36

12 Aussortieren

Sortiere alle Formen aus, die keine Pronomina sind. Begründe. Bestimme die Pronomina nach Form und Art.

ibi – illi – mihi – ei – audi – ubi – cui – dei – hi – rei – ipsi – isti – legi – exi – vi – ii

13 Mit präpositionaler Verbindung

Pompeio imperante – Caesare interfecto – consule ipso auctore – eis resistentibus – ipsa urbe Roma petita – his rebus nuntiatis

14 Sisyphusarbeit

1. Sisyphus, rex Corinthiorum[1], cum esset et summa prudentia et magna improbitate[2], ne deis quidem[3] iniuriam inferre dubitabat. 2. Nam fine vitae eius appropinquante Mortem ipsam vicit eamque in catenas[4] con-iecit. 3. Qua capta nemo iam de vita decedere potuit. 4. Praeterea filia Asopi[5] a Iove rapta Sisyphus, cum illud secretum[6] sciret, gravissimis poenis impendentibus tamen omnia patri e-nuntiavit. 5. Itaque ei in Tartarum de-portato Iuppiter ipse laborem ingentem imposuit: 6. In cacumen[7] montis summis viribus saxum semper volvere debebat, quod, cum eo sustulerat, statim re-volvebatur.

1) **Corinthiī, -ōrum:** die Korinther 2) **improbitās, -ātis** f: Schlechtigkeit, Frechheit 3) **nē … quidem:** nicht einmal 4) **catēna, -ae** f: Kette 5) **Asōpus, -ī:** Asopus *(ein Flussgott)* 6) **sēcrētum, -ī** n: Geheimnis 7) **cacūmen, -minis** n: Gipfel

Lektion 1–37

1 Superlativ in die Lücke!

Welche Form passt jeweils am besten?

fortissime
longissime
optime
celerrime
clarissime
pulcherrime
maxime

1. Quis ? contendit?
2. Quis ? cucurrit?
3. Quis ? saluit[1]?

1) salīre (*Perf.* saluī): springen

2 Alles im Vergleich

Setze den passenden Ablativ des Vergleichs in die Lücke. Die Anfangsbuchstaben ergeben von oben nach unten gelesen den Namen eines „berühmten" Olympiasiegers.

1. Quid pulchrius est ? ?
2. Quid celerius currit ? ?
3. Quid utilius est ? ?
4. Quid verius dicit ? ?

cane – imperio – fama – natura – ratione – auro – oraculo – equo

Übersetze die Sätze.

3 Drehe den Diskus ...

... und übersetze.

4 Fehlstart

Spectator[1] diligens videbat in Olympiis cursores[1] id studere, ut quam maximum commodum[1] de emissione[2] caperent victoriae causa. Itaque dixit: „Quanto[3] maior est cura cursoribus[1] de celeritate[4] quam de iustitia!"

1) **commodum, -ī** n: Vorteil 2) **ēmissiō, -ōnis** f: Start 3) **quantō**: um wie viel 4) **celeritās, -ātis** f: Schnelligkeit

Lektion 1–38

5 Partnersuche

Welche Formen haben eine ähnliche Bedeutung? Übersetze sie.

conabor
timuimus
moliebaris
mane
opinantes

morare
exstruebas
putantes
temptabo
veriti sumus

6 Mathematiker gesucht

Denke dir die Formen so untereinander, dass eine senkrechte Buchstabenreihe den Namen eines berühmten Griechen ergibt. Übersetze alle Formen.

VERITUS
HORTARE
FATENTES
MOLIEMUR
EXPERIOR
CONANS

7 Nackt auf der Straße

Apud Graecos ei, qui aliquam[1] rem primi invenerant atque experti erant, maximam gloriam ceperunt. Itaque Archimedes, cum legem naturae perspexisset, non domi[2] morabatur, sed statim nudo[3] corpore per viam cucurrit clamans: „Heureka! Heureka!"

1) **aliquī, aliqua, aliquod**: irgendein(e)
2) **domī**: zu Hause 3) **nūdus, -a, -um**: nackt

Lektion 1–39

8 Aktiv oder Passiv?

Bestimme und übersetze die Formen.

usum esse – lusum esse   mori – metui
instituebamur – irascebamur
audieris – patieris   laedor – loquor
probati sunt – profecti sunt

9 Wer starb ruhig wie Sokrates?

Übersetze. Die Lösung ergibt sich aus den Sätzen, die du mit „ja“ beantworten kannst.

ja/nein	Socrates id studuit,
CI	ut Romae cum iuvenibus loqueretur.
SE	ut aequo animo moreretur.
NE	ut iniuriam fortiter pateretur.
RO	ut e carcere[1] fugeret.
CI	ut nave Carthaginem proficisceretur.
CA	ut ipse semper iustitia uteretur.

1) **carcer, -eris** m: Gefängnis

10 Streitsüchtige Xanthippe

Alcibiades e Socrate quaesivit, cur Xanthippen[1] semper rixosam[2] tam aequo animo pateretur. Is locutus est ridens: „Ego sic eius clamori consuevi[3] ut stridori rotarum[4], quae aquam e puteo[5] e-ducunt. Eum non iam audio.“

1) **Xanthippēn:** *griech. Akk.* 2) **rīxōsus, -a, -um:** streitsüchtig 3) **cōnsuēscere** (*Perf.* **cōnsuēvī**) (*m. Dat.*): sich gewöhnen (*an etw.*) 4) **strīdor** (**-ōris** m) **rotārum:** der Lärm der Räder 5) **puteus, -ī** m: Brunnen

11 NcIs

1. Socrates ab oraculo Delphico sapientissimus appellatus esse dicitur. 2. Hoc oraculum verum dixisse videtur. 3. Non omnes philosophi[1] ut Socrates fateri dicuntur: „Scio me nihil scire.“

12 Immer andeREs

Unterscheide und übersetze.

LOQUERE   LATERE   DICERE
LIBERE   DISSERE

Lektion 1–40

13 Unvollkommene Weisheiten

Suche die passende „Endung“ aus dem Karteikasten. Was bedeuten diese Sätze?

1. Natura est certa dux bene vive ? .
2. Tempus sume ad cogita ? !
3. Virtutes spectantur in age ? .
4. Non licet omnia agere vince ? causa.

14 Kombiniere.

Bilde sinnvolle Sätze und übersetze sie.

1. Exercendi causa 2. Celeriter eundo
3. In loquendo 4. Contemplando naturam
5. Ad beate vivendum 6. Ars dicendi

A. non omnibus data est. B. utere magna voce! C. multos labores sustinemus. D. non multis rebus opus est. E. corpus salvum servabis. F. dei sapientiam cognosces.

15 Augenzeugenbericht

„Nubes[1], quam Vesuvius mons perpetuo[2] cineres in altum e-mittendo maximam facit, nunc formam ingentissimae pini[3] habere videtur.“

1) **nūbēs, -is** f: Wolke 2) **perpetuō** (*Adv.*): ununterbrochen 3) **pīnus, -ī** f: Pinie

Lektion 1–41

1 Rette die Konjunktive

... und übersetze sie.

2 Wohin mit -a-/-e-/-i-?

Bilde mit dem jeweils nötigen Vokal den Konjunktiv der Verben. Übersetze alle Sätze.

1. Fugi ? mus domum! 2. Utinam nos sequ ? mini! 3. Nemo semper tantos labores ferre poss ? t. 4. Quid faci ? mus? 5. Omnes hic mor ? ntur! 6. S ? s salvus!

Ordne die Konjunktive den dir bekannten Sinnrichtungen zu.

3 Den Dichter kennst du!

Ergänze der Reihe nach die passenden Konjunktive. Die hervorgehobenen Buchstaben ergeben das Lösungswort.

Pia et Gaius inter se disputant[!]: 1. *P:* Domum statim ? ! 2. *G:* Parentes tui ne ? ! 3. *P:* Quid ? ? Nescio. 4. *G:* Ne nimis ? ! 5. *P:* Sed pater meus ? ! 6. *G:* Iste hoc ? ! 7. *P:* O di boni, nobis ? !

f**a**ciam – faveati**s** – indigne**t**ur – **p**roficiscamur – so**l**licitentur – s**u**stineat – tim**u**eris

4 Verbote

Übersetze.

Ne cunctati sitis / cecideris / desperaveritis / egressus sis / discesseris **!**

Lektion 1–42

5 **SEMIDEP**onens oder **DEP**onens?

a Sortiere und übersetze.
ne secutus sis – solitus sum – passi sunt – visi sunt – mortuus est – gavisus es – potiti sumus – ne ausi sitis – confisi sumus – complexi estis

b Bilde zu allen Formen den Infinitiv Präsens.

6 Beschädigter Papyrus

Rekonstruiere die lückenhaften Verbformen und übersetze sie.

PROF	**I S**	**S**	**FIE**	**US**
REVER	**TI**	**CONFISU**		**SES**
S ITI	**NT**	**REVER**		**IS**

S ES – **ECT** – **SU** – **OL** – **TIS** – **BAM** – **TER** – **UMU**

7 Vercingetorix' Aufruf

1. „Maiores nostri semper hostes a finibus Galliae arcere soliti sunt. 2. Itaque nemo prius Gallos in oppidis eorum invadere ausus est. 3. Neque umquam factum est, ut alieni duces domini Gallorum fierent. 4. Proinde resistite Romanis virtute vestra confisi! 5. Curate, ne illi in Italiam reversi male de Gallis dicant!“ 6. Qua oratione omnes valde gavisi sunt.

Lektion 1–43

8 So oder so

Unterscheide Gerundium und Gerundivum. Übersetze.

ars curandi morbos – occasio libri legendi – cupiditas vini bibendi – vitando pericula – in medicina[1] adhibenda – tempus scribendi epistulas – fugiendo multitudinem hominum – oppidis expugnandis – caelo contemplando

9 Wie lautet's am besten?

Suche die passendste deutsche Wiedergabe.

ad deos vere	nd	os
gloriae parie		ae causa
in natura tuta		a
bonis exemplis imita		is
de auxilio praesta		o

10 Diogenes – diesmal anders

1. Natura homini cupiditatem dedit veri videndi. 2. Itaque Diogenes philosophus[1] de civibus suis indignabatur, quod nemo cogitabat de vita recte agenda, nemo de beate vivendo, quod omnes occupati erant in bibendo et edendo[1], omnes in pecunia quam maxima merenda. 3. Aliquando autem clara luce lucernam[2] manu tenens per forum vagabatur[3]. 4. Rogatus, cur id faceret, respondit: „Homines quaero."

1) **edere**: essen 2) **lucerna, -ae** f: Lampe
3) **vagārī**: herumgehen

11 *Non semper idem*

Quid interest inter par et idem? Panem[1] edas cottidie semper parem, sed numquam eundem. Omnes autem sumus eiusdem naturae.

1) **pānis, -is** m: Brot

Lektion 1–45

12 Recht und Gesetz

Übersetze.

1. Iustitiam civibus colendam esse apparet.
2. Salus populi suprema lex iudicanda est.
3. Omnibus populis communi omnium hominum iure utendum est.

13 ... unter der Lupe

Übersetze.

1. Omnibus recte vivendum est.
2. Parentibus parendum est.
3. Liberis favendum est. 4. Captivis parcendum est. 5. Cui cunctandum non est? 6. Nonne miseri nobis tutandi sunt?

14 Ödipus

1. Oedipus oraculum acceperat se patrem necaturum esse. 2. Itaque huius sceleris vitandi causa Corinthum in patriam non rediit. 3. Sed Thebas profectus est; cum autem Oedipodi senex quidam occurrit viam clausurus, eum interfecit. 4. Postea Oedipode Thebis rege facto subito tam ingens pestis[1] orta est, ut plurimi cives perirent. 5. Quare oraculum consultum est, quid Thebanis faciendum esset. 6. Responsum est: „Qui Laium regem interfecit, is supplicio afficiendus est." 7. Veri cognoscendi causa Oedipus illum quaerere non desiit. 8. Sed postremo se ipse interfectorem[2] invenit. 9. Statim cognovit se gravissime puniendum[3] esse. 10. Ex-clamans „Lux facta est!" sibi ipse oculos effodit.

Der geblendete Ödipus in Pasolinis Film Edipo re.

1) **pestis, -is** f: Pest 2) **interfector, -ōris** m: Mörder
2) **pūnīre**: bestrafen

1 Wortbild

Welche lateinischen Vokabeln sind hier dargestellt?

2 Da ist Latein drin!

Vielen Wörtern in anderen Sprachen und auch vielen Fremdwörtern liegen lateinische Vokabeln zugrunde.
Versuche, die Wörter aus der Bedeutung der lateinischen Vokabeln heraus zu erklären.

- Beim Tennisspiel in England hört man: „**Silence**, please!"
- Möchtest du einmal in ein **Solarium** gehen?
- Der Händler macht **Reklame** für seine Ware.

3 Kurzsatz – Langsatz

Bilde sinnvolle lateinische Sätze, die folgende Bedingungen erfüllen müssen:
Der Satz besteht

a aus einem Wort;
b aus zwei Wörtern mit möglichst wenigen Buchstaben;
c aus vier Wörtern;
d aus sechs Wörtern.

4 Lückenwort

Schreibe die Wörter ab und ergänze die fehlenden Buchstaben.

? lacet   e ? i ? m   ? ubi ? o   ? ess ? t

5 „Gerüttelt und geschüttelt"

Die Buchstaben sind durcheinandergeraten. Wie lauten diese lateinischen Wörter?

▶ errade = ardere

lilav – melraca – treeca – tesaxerpec

6 Kleines Wort – großer Unterschied

Übersetze die kleinen Sätze und erkläre genau ihre Aussage, indem du auf Deutsch beschreibst, in welcher Situation dies gesagt werden kann oder was wohl vorher geschehen sein muss.

1. Asinus **non iam** clamat.
2. **Subito** asinus clamat.
3. **Etiam** asinus clamat.

1 ☞-Wörter

Du kennst vier Wörter, mit denen du auf einen Ort oder auf die Entfernung hinweisen kannst. Nenne sie.

2 Da ist Latein drin!

Servus!

Die Begrüßung „Servus!“ gibt es in Bayern und Österreich schon seit Jahrhunderten.
Was wollte man damit wohl zum Ausdruck bringen?

3 Mutter Latein

Die lateinische Sprache gilt als „Mutter“ vieler anderer Sprachen, weil sie sehr viel an ihre „Töchter“ weitergegeben hat. Da du das zugrunde liegende lateinische Wort kennst, kennst du auch die Bedeutung der Vokabeln aus den anderen Sprachen:

LATEIN	FRANZÖSISCH	ITALIENISCH	SPANISCH	PORTUGIESISCH	RUMÄNISCH	DEUTSCH
?	famille	famiglia	familia	família	familie	?
?	ami	amico	amigo	amigo	amic	?
?	soleil	sole	sol	sol	soare	?
?	saluer	salutare	saludar	saudar	saluta	?

4 Beine bewegen

Nenne alle lateinischen Verben, mit denen eine Bewegung der Beine ausgedrückt wird.

5 Rebus

Die Abbildungen ergeben lateinische Sätze. Wie lauten sie?

A.

B.

6 *tum – tum – tum – tum*

Nenne alle vier Bedeutungen dieses Wortes.
Verfasse einen kurzen Text auf Deutsch, in dem alle vier Bedeutungen vorkommen.

7 Kleines Wort – großer Unterschied

Übersetze die kleinen Sätze und erkläre genau ihre Aussage, indem du auf Deutsch beschreibst, in welcher Situation dies gesagt werden kann oder was wohl vorher geschehen sein muss.

1. **Ibi** amicus venit.
2. **Iam** servus venit.
3. **Tum** amica ridet.
4. . . ., **nam** canis non venit.
5. **Etiam** servus tacet.
6. **Sed** matrona tacet.

1 Wortbild

Welche lateinischen Vokabeln sind hier dargestellt?

2 wwwww-Wörter

Hinter all diesen Wörtern steht ein Fragezeichen.
Wie lauten sie doch gleich wieder auf Lateinisch?

wer **w**arum
woher **?**
was
wo

3 Da ist Latein drin!

- Hat das Auto auch ein **Navigation**ssystem?
- Sie hat immer eine Antwort **parat**.
- Der Hund **pariert** einfach nicht.

4 Lateinlupe

EIN Buchstabe kann ein Wort VÖLLIG verändern.
Schreibe auf, welche Möglichkeiten es gibt, und nenne die deutschen Bedeutungen.

equ🔍s par🔍t stati🔍 🔍am 🔍um

5 *debeo – debes – debet*

Nenne die Bedeutungen dieses Wortes.
Denke dir Situationen aus, in denen jeweils eine der Bedeutungen passt.

6 Wortversteck

Hier sind waagerecht und senkrecht, vorwärts und rückwärts 20 lateinische Wörter versteckt.
Wie viele davon findest du in vier Minuten?
Los geht's!

	A	B	C	D	E	F	G	H	I	K
1	p	e	r	i	c	u	l	u	m	e
2	a	i	a	m	v	i	l	l	a	r
3	r	e	s	p	o	n	d	e	r	e
4	a	e	t	e	s	t	a	t	i	m
5	r	r	a	r	a	l	u	s	n	i
6	e	e	r	a	g	i	v	a	n	t
7	o	d	e	t	e	n	e	r	e	e
8	t	u	m	o	t	i	b	u	s	c
9	l	a	c	r	i	m	a	h	i	c
10	e	g	o	a	s	i	n	u	s	e

1 Wortbild

Welche lateinischen Vokabeln sind hier dargestellt?

A.  B.  C.  D. 

2 Da ist Latein drin!

- Sie haben sich ein neues **Video**gerät gekauft.
- Kinder, macht doch nicht so ein **Spektakel**!
- Im Englischbuch: At the station there are many **people**.
- Der Zugführer erhält das **Signal** zur Weiterfahrt.
- Dieser Sänger ist sehr **populär**.

3  Weiblich – männlich 

Stelle zusammen: alle Bezeichnungen für eine a) weibliche Person, b) männliche Person.

4 *neque – neque – neque*

a Nenne alle drei Bedeutungen dieses Wortes.

b Übersetze und erkläre die von dir gewählte Bedeutung, indem du z. B. überlegst, was vorher geschehen sein könnte.
1. Consul gaudet neque ridet. 2. . . .; neque amicus venit. 3. Avus tacet neque respondet.

5 Mutter Latein

LATEIN	FRANZÖSISCH	ITALIENISCH	SPANISCH	PORTUGIESISCH	RUMÄNISCH	DEUTSCH
?	homme	uomo	hombre	homem	om	?
?	peuple	popolo	pueblo	povo	popor	?
?	signe	segno	señal	sinal	semnal	?
?	voir	vedere	ver	vêem	vedea	?

6 Mehr als du denkst!

Wörter werden zu Familien zusammengefasst. Deshalb erkennt man, wenn man ein Familienmitglied kennt, auch andere, ganz neue. Übertrage die Tabelle in dein Heft und ergänze sie.

Deutsch	Substantiv	Verb	Deutsch
?	ardor	?	brennen, glühen
Geschrei	?	clamare	?
?	?	amare	lieben
?	?	furere	wüten, toben
?	timor	?	fürchten

7 Zwei in einem

In jedem dieser lateinischen Wörter ist ein anderes, dir bekanntes, versteckt. Findest du es?

► cl**amor** sedere – apparere – certe – statim

1 Wortbild

Welche lateinischen Vokabeln sind hier dargestellt?

A.

B.

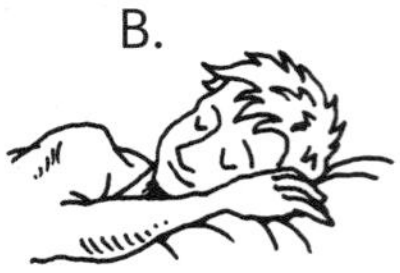

C.

D.

2 Passt doch!

Bringe Paare aus Wörtern zusammen, deren Bedeutung zueinanderpasst.

orator – amicus – nox – epistula – spectaculum	dormire – plaudere – legere – dicere – ludere

3 Eins aus drei

Welches der drei Wörter passt in den Satz? Begründe durch die Bedeutung.

1. Pater Quinti ? causae est. (periculum – patronus – canis)
2. Homines Domitio oratori ? . (sumunt – parant – plaudunt)
3. Dum nox est, homines ? solent. (dormire – debere – dicere)
4. Ubi est Galla? Domina servam ? . (accurrit – decedit – quaerit)

4 Nicht zu verwechseln!

Lerne die Beispielsätzchen auswendig, damit du *dum* und *tum* nicht verwechselst.

Dum dormio, non **d**ico.	Während ich schlafe, spreche ich nicht.
Clamat; **tum t**acet.	Er schreit; dann schweigt er.

5 Da ist Latein drin!

- Für die Darbietung gab es tosenden **Applaus**.
- In diesem Sommer muss man mit einer **Invasion** von Heuschrecken rechnen.
- Im Englischunterricht: Do you have a **question**?
- Ein Schutz**patron** der Schüler und Lehrer ist der Hl. Benedikt.
- Als Nächstes kommt **Lektion** 6.

6 So viele Männer

Du kennst schon viele Bezeichnungen für eine männliche Person.
Stelle das Wortfeld zusammen: Schreibe zunächst alle Wörter auf, die dir einfallen, und ergänze deine Liste dann durch Nachschlagen im Vokabelverzeichnis.

Vokabel-Bilanz

Bist du noch sicher in den „alten“ Vokabeln? Denk an regelmäßiges Wiederholen. Vielleicht gibt es einige Vokabeln, die du dir schwer merken kannst. Trainiere diese Vokabeln besonders mithilfe der Lerntipps auf den Wortschatzseiten in deinem Text- und Übungsband.

1 Wortbild

Welche lateinischen Vokabeln sind hier dargestellt?

Zeichne selbst Wortbilder zu:

laetus – multi – terra – insula – lacrima – magnus – maestus – pugnare.

2 Alarm!

Das Wort kommt über das Italienische aus dem Lateinischen.
„All'armi!", rief man in Italien. Dahinter steckt das Lateinische *ad arma*.
Was bedeutet also unser Wort Alarm genau genommen?

3 Super-*superare*

Nenne alle drei Bedeutungen dieses Wortes.
Denke dir für jede der drei Bedeutungen eine passende Situation aus.

4 Lateinlupe

EIN Buchstabe kann ein Wort VÖLLIG verändern. Schreibe auf, welche Möglichkeiten es gibt.

n🔍vis sole🔍 🔍ater ven🔍o 🔍ur

5 *UBI? UBI? UBI? UBI?*

Du kennst fünf Wörter, die auf die Frage *ubi?* antworten. Nenne sie.

6 SO fängt's an …,

aber WIE geht's weiter?
Die ersten beiden Buchstaben sind genannt. Es gibt immer mindestens zwei Möglichkeiten, wie das Wort weitergeht. Nenne immer auch die deutschen Bedeutungen.

SO ? CA ? AU ? VE ? DO ? MA ? SE ?

7 Mutter Latein

LATEIN	FRANZÖSISCH	ITALIENISCH	SPANISCH	PORTUGIESISCH	RUMÄNISCH	DEUTSCH
?	mère	madre	madre	mãe	mamă	?
?	neuf	nuovo	nuevo	novo	nou	?
?	nuit	notte	noche	noite	noapte	?
?	dormir	dormire	dormir	dormir	dormi	?

1 Wortbild

Ordne die Sätze den Bildern richtig zu, dann ergeben die Buchstaben in Klammern ein Lösungswort.
Ante villam stat. (U) – In villa stat. (O) – In villam currit. (L) – Cum amico ambulat. (A) – E villa currit. (P) – Ad patrem accurrit. (D)

2 Da ist Latein drin!

- Hast du schon deine **Medizin** genommen?
- Die Verletzung konnte **ambulant** behandelt werden.
- Das Treffen bietet ein **Forum** für Wissenschaftler aus der ganzen Welt.
- Die Wörter sind **kursiv** gedruckt.
- Ich habe seine **Ex**freundin kennen gelernt.

3 Sil-ben-rät-sel

Fünf lateinische Wörter und ihre deutschen Bedeutungen sind in Silben zerlegt. Stelle die Paare lateinisch-deutsch zusammen.

ab – Au – ben – ben – blei – ce – cu – du – füh – ge – ge – gen – gnü – lup – lus – ma – mor – ne – o – re – re – ren – stor – tas – tu – us – Ver – vo – weg

4 Antworten

Ordne Frage und Antwort zu.

1. Num dormis?	A. Doch; sieht man das denn nicht?
2. Venisne?	B. Nein, natürlich nicht.
3. Nonne gaudes?	C. Weiß ich noch nicht.

5 „Beruf" und *„familia"*

Ordne die Substantive den beiden Sachfeldern zu und gib die deutsche Bedeutung an.

patronus – nauta – dominus – iudex – mater – consul – eques – pater – imperator – avus – senator – matrona – serva – nuntius – medicus

6 Bilde Pärchen.

Ordne jedem Substantiv ein passendes Verb zu.

► clamor – vocare

clamor – donum – epistula – equus – verbum – fur – imperator – mens – navis – nox – oculus – periculum – silentium – sol – spectaculum	ardere – cogitare – dare – dicere – dormire – incitare – iubere – legere – navigare – plaudere – sumere – tacere – timere – videre – vocare

1 Wie viele?

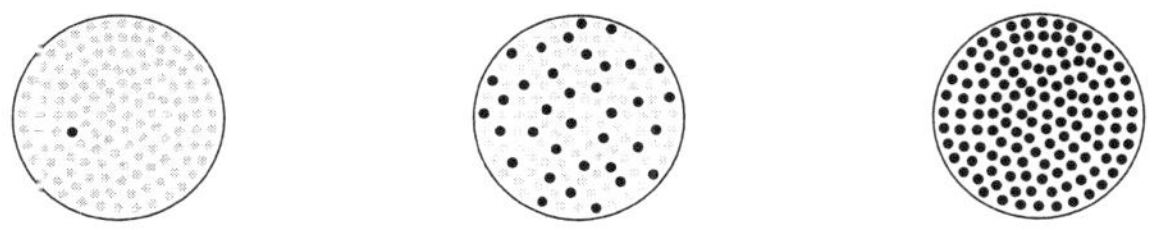

Zeichne die Mengen-Kreise ab und schreibe jeweils die lateinische Vokabel dazu.

2 Wo?

Welche Präposition muss eingesetzt werden?

? amicos stat.

3 Da ist Latein drin!

- Mein Großvater erzählt, er sei früher der Klassen**primus** gewesen.
- Im Englischunterricht: Give me an **example**, please.
- Die Jacke zerreißt nicht, das Material ist sehr **robust**.
- Bei dem Unfall entstand ein **Total**schaden.

4 Umschrieben

Welche lateinischen Wörter sind mit den Umschreibungen gemeint?

1. eine größere Ansammlung von Häusern
2. etwas gegen Bezahlung an sich nehmen
3. der Tag zwischen gestern und morgen
4. mit seiner Hilfe sieht man im Dunkeln
5. sich langsam draußen vorwärts bewegen

5 M, F oder N?

Nenne das Genus der Substantive.

causa – auxilium – mater – amor – navis – vox – pirata – nuntius – servitus – eques – sol – furor – silentium – lux – fuga – mens – nox – urbs

6 Ort oder Zeit

Sortiere und gib die Bedeutung an.

diu – hic – iam – ibi – iterum – nunc – primo – hodie – procul – semper – subito – tum – ubi – ubique – unde

Vokabel-Bilanz

Wie steht es mit den Vokabeln der früheren Lektionen? Wiederhole sie, indem du dir eine Lektion wieder vornimmst: Höre dich selbst die Vokabeln durch Abdecken ab oder lass dich abhören. Schreibe dir die Vokabeln auf, deren Bedeutung du nicht mehr sicher gewusst hast, und trainiere sie.

1 Wortbild

Welche lateinischen Vokabeln sind hier dargestellt?

A.

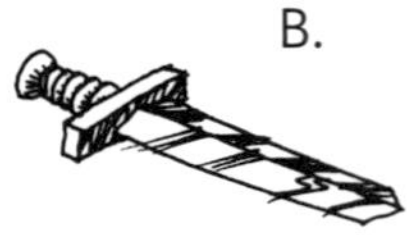
B.

2 Das Verb dazu

Zu einigen Substantiven kennst du bereits die Verben. Wie lauten sie zu:
pugna – amor – vox – spectaculum – navis – ardor – clamor?

3 Gegensatz

Suche ein Wort, das man als Gegensatz bezeichnen kann, zu:

mors ⇔ ?   dexter ⇔ ?   natus ⇔ ?

gaudere ⇔ ?   defendere ⇔ ?.

4 Lateinlupe

Zwei Buchstaben im Wortinneren musst du genauer unter die Lupe nehmen.

n us   m er   d um   m s   s e   u s

5 Genau richtig?

Stimmen die folgenden Aussagen über Substantive?
Die Buchstaben ergeben ein Lösungswort.

	JA	*NEIN*
1. Wenn die Form eines Substantivs auf *-um* endet, ist es immer Neutrum.	A	C
2. Wenn die Form eines Substantivs auf *-a* endet, muss es nicht Femininum sein.	E	S
3. Wenn die Form eines Substantivs im Genitiv auf *-eri* endet, ist es Maskulinum.	R	P
4. Substantive auf *-or* sind Maskulina.	T	E
5. Es gibt kein Substantiv, das auf *-o* endet.	U	E

6 Wortversteck

Die lateinischen Wörter für die angegebenen deutschen Bedeutungen sind in dem Gitter versteckt (waagerecht und senkrecht zu lesen).
Welches lateinische Wort fehlt?

	A	B	C	D	E	F	G	H	I	K
1	d	e	x	t	e	r	i	t	o	r
2	u	t	e	e	n	t	n	o	c	s
3	r	s	a	p	i	e	n	t	i	a
4	u	i	d	u	r	s	l	u	c	s
5	s	t	e	l	u	x	o	s	v	p
6	m	a	m	c	e	r	e	v	i	u
7	u	n	i	h	o	r	r	e	r	e
8	m	a	s	e	l	e	e	r	o	r
9	s	p	e	r	a	r	e	i	a	s
10	e	i	r	p	a	e	q	u	u	s

Junge
Weisheit
schön
erschrecken
wenn auch
rechter
hoffen
hart
ganz
Stadt
elend
Licht
gleich
Mann

1 Wie viele?

Zeichne die Mengen-Kreise ab und schreibe jeweils die lateinische Vokabel dazu.

2 Wortbild

Welche lateinische Vokabel ist hier dargestellt?

3 Das Gegenstück

Wie lautet das weibliche Gegenstück zu: servus – puer – pater – rex – vir – deus?

4 Da ist Latein drin!

- Das werden die Zeitungen morgen **publik** machen.
- Du musst die Zahlen **addieren**.
- Ihr **humanes** Verhalten hat mir sehr **imponiert**.
- Die **Statuten** des Vereins sind allen bekannt.

5 *Errare humanum est*

lautet ein lateinisches Sprichwort. Denke dir eine Situation aus, in der du das sagen könntest.

6 Die drei Schönsten

Suche dir aus den Adjektiven die drei heraus, die dir von der Bedeutung her am besten gefallen.

humanus – durus – aequus – pulcher – asper – maestus – alius – iucundus – miser – novus – dignus – liber – barbarus

7 Kombiniere.

Welches Verb passt zu welchem Substantiv?

cenam – puellam – in agris – filio – deis

carere – parare – sacrificare – laborare – rogare

8 Verwischt

Erkennst du die Wörter, deren Spuren im Sand langsam verwischen? Nenne sie.

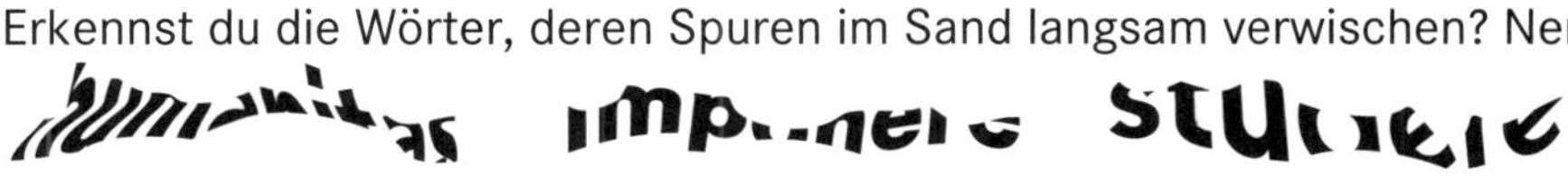

9 Zurück zur Lernform

Nenne bei Substantivformen den Nominativ Singular, bei Adjektivformen den Nominativ Singular Maskulinum und bei Verbformen den Infinitiv.

puto – liberos – hominis – humanis – statuimus – intrabant – morte – viros – miserorum – lucem – mortuum – dormiebas – agris – urbes – aquarum – matrem – addis – dextram – solem – equitibus – dicimus – imponebamus – rege – laboras – labores

1 Wortbild

Welche lateinische Vokabel ist hier dargestellt?

2 Sag das Gegenteil

auf Lateinisch. Der Anfangsbuchstabe hilft dir weiter.

antworten ⇔ i ? | zustimmen ⇔ n ?
anfangen ⇔ d ? | tot sein ⇔ v ?
wegnehmen ⇔ a ? | wissen ⇔ i ?

3 Personensuche

Welche Substantive bezeichnen Personen?

salus – servus – signum – mens – hospes – gladius – frater – fur – epistula – pugna – nauta – regina – puer – lux – filius

4 Nicht zu verwechseln

Lerne die Sätzchen auswendig, um den Bedeutungsunterschied zwischen *sic* und *si* zu sichern.
Sic voco: **Si** venis, gaudeo. **So** rufe ich: **Wenn** du kommst, freue ich mich.

5 Da ist Latein drin!

- Sieh doch nicht alles so **negativ**!
- Manche Krankenhäuser werden auch **Hospital** genannt.
- Ein Beispiel für ein **Interrogativ**-Pronomen ist „wer?“.
- **„Salute!“**, sagt man in Italien beim Anstoßen mit Gläsern.

6 Kon- und Sub-

Sortiere nach Konjunktionen und Subjunktionen. Nenne auch die deutschen Bedeutungen.

atque – quamquam – nam – enim – etsi – si – et – quod – sed – dum – cum – neque

Mit den Stammformen-Kisten in den Wortschatztests 11–14 kannst du bereits gelernte Verben mit ihren Stammformen wiederholen.

Stammformen-Kiste

cēdere	cēdō	cessī	**(weg)gehen**; **nachgeben**; überlassen
dēcēdere	dēcēdō	dēcessī	**weggehen**, gehen (aus)
dīcere	dīcō	dīxī	**sagen**; **sprechen**; nennen
invādere	invādō	invāsī	**eindringen**, **angreifen**
quaerere	quaerō	quaesīvī	**suchen**; erwerben; **fragen**
petere	petō	petīvī	**bitten**, verlangen; **angreifen**; **aufsuchen**; gehen/fahren nach
manēre	maneō	mānsī	**bleiben**; erwarten

1 Wortbild

Welche lateinischen Vokabeln sind hier dargestellt?

A.

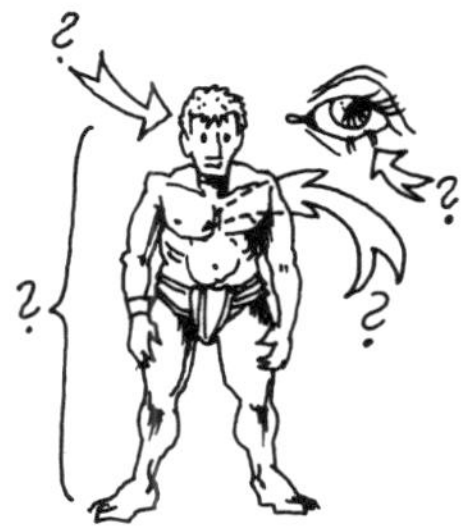

B.

2 Göttlich

Stelle ein Sachfeld zum Thema „Götter" zusammen.
Du kannst sieben Substantive, zwei Verben und ein Adjektiv finden.

3 Da ist Latein drin!

- Der Verein hat die **Lizenz** bekommen.
- Wer kennt die **Fabel** von Wolf und Lamm?
- Welches **Genus** hat das Nomen *nauta*?
- Sie kann erzählen, was sie will, das **tangiert** mich überhaupt nicht.

4 Nur eine Eigenschaft

Wähle zu den Substantiven passende Eigenschaften.

1. ein Stein	dignus – durus – dexter
2. eine Rose	primus – pius – pulcher
3. eine Stimme	secundus – asper – mortuus
4. ein Ereignis	robustus – laetus – iucundus

5 Gegensatzpaare

Stelle Wortpaare zusammen, die als Gegensatz gelten können.

parere – stare – respondere – tacere – manere – gaudere – petere – terrere	⇔	clamare – timere – iacere – cedere – iubere – flere – interrogare – defendere

Stammformen-Kiste

statuere	statuō	statuī	**beschließen**, entscheiden; **aufstellen**; festsetzen
stāre	stō	stetī	(da)**stehen**
sedēre	sedeō	sēdī	(da)**sitzen**
venīre	veniō	vēnī	**kommen**
convenīre	conveniō	convēnī	**zusammenkommen**; -passen; (*m. Akk.*) **treffen**
vidēre	videō	vīdī	**sehen**
respondēre	respondeō	respondī	**antworten**, entgegnen
dēfendere	dēfendō	dēfendī	**verteidigen; abwehren**
agere	agō	ēgī	**tun, handeln**; aufführen; (*m. Adv. und* cum) umgehen (*m. jmdm.*)

1 Wortbild

Welche lateinische Vokabel ist hier dargestellt?

2 Erkläre

die Darstellung dieser Vokabel.

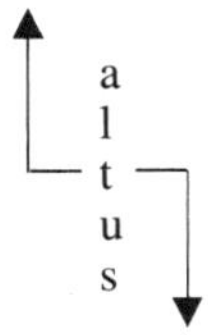

3 Noch Fragen?

Nenne die sechs Fragewörter: Q? Q? Q? U? U? C?

4 Zurück, *re*!

Die Vorsilbe *re-* bedeutet häufig „zurück". Erschließe daraus die Bedeutung folgender Komposita. Nenne zunächst das einfache Verb und seine Bedeutung.

remittere – recurrere – retinere – reddere – recedere

5 Bist du Neutrum?

Nenne zu folgenden Substantivformen den Nominativ Singular. Wie viele davon sind Neutra: vier, sieben, neun, elf oder zwölf?

laborum – exemplis – cura – genus – nomina – ventum – gladius – oculo – auxilio – sorte – corpore – pretii – lucis – maria – fortunae – agro – capiti – foro – saxorum – puella – terga

6 Das weißt du.

Hinter der Umschreibung ist die Anzahl der Buchstaben angegeben.

1. Patria Aufidii Aridi: (6)
2. Pro templis[1] stat. (3)
3. Piratae homines … (7) solent.
4. Homines sollicitat. (4)
5. Nomen amici Quinti: (6)
6. Flavia scripsit … (9)

7 Stammformen-Übung

Übertrage die Tabelle in dein Heft und vervollständige sie.

stare	sto	?	?
?	statuo	?	beschließen, entscheiden; aufstellen; festsetzen
cedere	?	cessi	?

Stammformen-Kiste

abdūcere	abdūcō	abdūxī	**wegführen**; (weg)bringen; verschleppen
emere	emō	ēmī	**kaufen**
dare	dō	dedī	(von sich) **geben**; gestatten
addere	addō	addidī	**hinzufügen**
legere	legō	lēgī	**lesen**; sammeln; auswählen
currere	currō	cucurrī	**laufen**; eilen
accurrere	accurrō	accurrī	**herbeilaufen**, angelaufen kommen
studēre	studeō	studuī	**sich bemühen (um); wollen; sich bilden**

1 Mitten in der Landschaft

Benenne lateinisch, was du siehst.

2 Was bedeutet

dieses Schild an einem Geschäft in Italien?

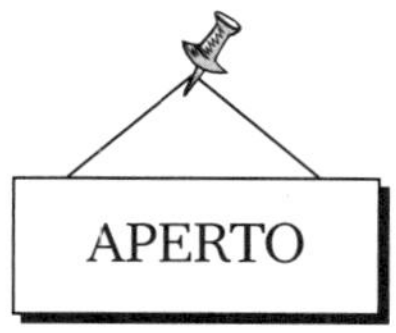

3 Lateinlupe

Schreibe die verschiedenen Möglichkeiten und ihre deutschen Bedeutungen auf.

mo🔍 vi🔍 cur🔍 m🔍re t🔍m ca🔍ere c🔍do

4 Da ist Latein drin!

- Er spielt sehr **offensiv**.
- Vor dem Essen trinken manche Menschen einen **Aperitif**.
- Wir schicken Ihnen unser Angebot **via** E-Mail.
- Bei steigender Temperatur verändert sich die **Konsistenz** dieser Flüssigkeit.
- Er ging **sensibel** auf die Probleme seines Freundes ein.

5 Mutter Latein

LATEIN	FRANZÖSISCH	ITALIENISCH	SPANISCH	PORTUGIESISCH	RUMÄNISCH	DEUTSCH
?	roi	re	rey	rei	rege	?
?	heure	ora	hora	hora	oră	?
?	libre	libero	libre	livre	liber	?
?	arbre	albero	árbol	árvore	arbore	?

Stammformen-Kiste

iubēre	iubeō	iussī	(*jmdm.*) **befehlen**, (*jmdn.*) **beauftragen**
ārdēre	ārdeō	ārsī	(ver)**brennen**; entbrannt sein
rīdēre	rīdeō	rīsī	**lachen**
lūdere	lūdō	lūsī	**spielen**, scherzen
plaudere	plaudō	plausī	**Beifall klatschen**, applaudieren
sūmere	sūmō	sūmpsī	**nehmen**
expōnere	expōnō	exposuī	**ausstellen; aussetzen**; darlegen
impōnere	impōnō	imposuī	**setzen, stellen, legen** (an, auf, in); bringen; auferlegen

1 Gegensatz

Suche ein Wort, das man als Gegensatz bezeichnen kann, zu:

brevis ⇔ ?   omnis ⇔ ?   maestus ⇔ ?   cadere ⇔ ?.

2 *SO-SO*

Fünf dir bekannte Vokabeln fangen mit *so* an.
Schreibe sie untereinander und sortiere sie dazu nach Wortlänge.
Mache dir die verschiedenen Bedeutungen beim Aufschreiben bewusst.

3 Da ist Latein drin!

- She **promised** to **defend** him.
- Sie sind in **temporären** finanziellen Schwierigkeiten.
- Habt ihr das **Pro** und **Kontra** gut überlegt?

4 Nur eine Eigenschaft

Wähle zu den Substantiven passende Eigenschaften.

1. ein Problem	felix – gravis – pius
2. ein Schicksal	altus – dexter – miser
3. eine Aufgabe	facilis – sinister – robustus
4. ein Schwert	mortuus – acer – asper
5. ein Turm	brevis – aequus – altus

5 *gravis* mal vier

Nenne die vier Bedeutungen dieses Adjektivs und denke dir zu jeder einen Satz auf Deutsch aus.

6 Was fällt dir ein?

Nenne alle lateinischen Vokabeln, die dir zu der hier abgebildeten Szene einfallen.

Bild auf einer antiken Schale (heute in Berlin).

7 Familientreffen

Führe die Wortfamilien zusammen. Die Buchstaben geben dir an, ob du ein verwandtes **S**ubstantiv, **A**djektiv oder **V**erb kennst.

cura **V** – serva **S, S** – parare **A** – navis **V** – salutare **S** – labor **V** – patronus **S, S** – humanus **A, S, S** – ardor **V** – regina **S, S** – pugna **V**

1 Wortbild

Welche lateinischen Vokabeln sind hier dargestellt?

2 Sprechende Namen

Erkläre die Bedeutung dieser Vornamen, die aus dem Lateinischen stammen: Vera, Pia, Felix.

3 Zeit-Reihe

Die vier Zeitangaben kannst du dir am besten in ihrer Reihenfolge merken:
primo – tum – deinde – postremo.

Sage diese Reihe mehrfach auf, damit du sie im Gedächtnis behalten kannst.

4 *SI-SI*

Acht dir bekannte Vokabeln fangen mit *si* an. Schreibe sie untereinander und sortiere sie dazu nach Wortlänge. Mache dir die verschiedenen Bedeutungen beim Aufschreiben bewusst.

5 LIB fängt's an …,

aber WIE geht's weiter?
Die ersten drei Buchstaben sind genannt. Es gibt immer mindestens zwei verschiedene Möglichkeiten, wie das Wort weitergeht. Nenne immer auch die deutschen Bedeutungen.

LIB ? APP ? ITE ? GRA ? VEN ? STA ? OPP ?

6 Da ist Latein drin!

- Welche Mannschaft **favorisierst** du?
- Er **appellierte** an ihre Hilfsbereitschaft.
- Learning Latin is not **difficult**.
- Wir schreiten nun zur Abstimmung. Bitte geben Sie Ihr **Votum** ab.

7 Irrläufer

Welches Wort passt von der Bedeutung her nicht in die Reihe?

1. vinum – cibus – arbor – aqua
2. liberare – ponere – defendere – auxilium
3. sperare – narrare – appellare – dicere
4. gaudere – surgere – laetus – delectare
5. considere – stare – sedere – quaerere

8 Ort und Zeit

Sortiere und gib die Bedeutungen an.

procul – unde – diu – mox – ibi – iam – ubi – adhuc – primo – hic – iterum – hodie – tum – ubique – postremo – domum – semper – deinde

1 Wortbild

Welche lateinischen Vokabeln sind hier dargestellt?

A.

B.

C.

2 Da ist Latein drin!

- Sie haben einen **Kredit** bei der Bank beantragt.
- Ihre guten Leistungen muss man **honorieren**.
- Im Englischunterricht: „Please **explain** what you mean."
- Diese Kathedrale ist ein **monumentales** Bauwerk.
- An einem alten Haus: **A. D.** MDCCLIV (**anno domini**)

3 *TA-TA*

Fünf dir bekannte Vokabeln fangen mit *ta* an. Schreibe sie untereinander und sortiere sie dazu nach Wortlänge. Mache dir die verschiedenen Bedeutungen beim Aufschreiben bewusst.

4 Auswahl beim Opfer

Welches der drei Verben passt in den Satz?

1. Domitius deis ?.	convenit – sacrificat – explanat
2. Genium vino ?.	tradit – oravit – spargit
3. Genium appellat: Votis ?.	fave – funde – trade
4. Tum Laribus gratias ?.	credit – agit – delectat
5. Postremo cibos flammis ?.	comperit – credit – tradit

5 „Aha!"-Verben

Nenne drei Verben, die „erkennen/erfahren/wissen" bedeuten.

6 Wohin denn nun?

Schreibe die Wörter und Wendungen heraus, die Antwort auf die Frage *quo?* geben.

hic – domum – ab amicis – diu – cito – in insulam – huc – adhuc – ad amicum – in villa – satis

7 Sil-ben-rät-sel

Aus den Silben kannst du acht lateinisch-deutsche Paare zusammensetzen. Den Partner des neunten lateinischen Wortes findest du in den Silben nicht. Wie heißt er?

ba – be – be – be – ber – bel – di – de – den – e – en – ent – frei – fern – ge – gen – gend – gens – gi – gre – her – hi – in – las – li – lis – lich – lie – lum – men – mit – mor – noch – per – ra – ra – re – re – re – re – ru – sen – sterb – ta – ta – te – tig – tra – tur – ü – un – us – vor – wal

8 Mindmap

Erstelle eine Mindmap zu einem Thema, z. B.: Auf dem Forum – Menschen – Was man mit Worten machen kann – Herren und Sklaven.

1 Wortbild

Welche lateinischen Vokabeln sind hier dargestellt?

A.

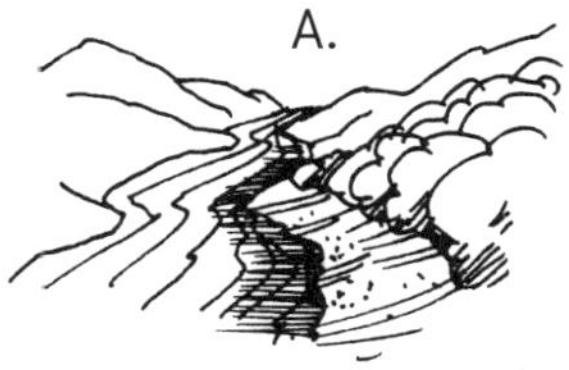

B.

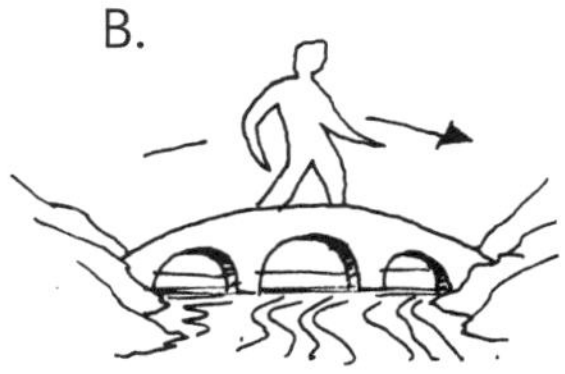

C.

2 Doppel-Trans

Übersetze, um die beiden verschiedenen Bedeutungen zu erfassen.

3 Familientreffen

Du kennst von jeder Familie zwei Mitglieder: imp- sed- cen- civ- pugn-

4 Zurück zur Lernform

Nenne bei Substantivformen den Nominativ Singular und bei Verbformen den Infinitiv.

iudicibus – imposuimus – omnium – vendideram – operibus – restitit – traxi – mente – arsit – posueramus – promisit – civium – cecidit – itinere – sustulisti – debuerat

5 Merkspruch

Welche Gemeinsamkeiten haben die Wörter einer Gruppe? Achte auf Genitiv oder Genus. Versuche, einen guten Merkspruch zu formulieren.

1. amor – arbor – ardor – clamor – honor – labor – furor
2. opus – tempus – corpus – genus
3. humanitas – tempestas – voluptas

6 Du kannst Italienisch!

Glaubst du nicht? Dann versuche doch, folgende Sätze und Teile von Sätzen zu verstehen. Schaffst du es, ihnen die dazu passende Aussage auf Deutsch zuzuordnen? Bei richtiger Zuordnung erhältst du ein Lösungswort – natürlich auf Italienisch.

1. Non è vero.	Da hat wohl einer Hunger! (L)
2. Non c'è pericolo.	Hilfe ist in Sicht. (E)
3. Quando è la cena?	Ich komme ja schon. (B)
4. tre ore	Das schaffen wir trotzdem. (E)
5. Vive sull'isola di Capri.	Gegen halb drei. (N)
6. Tua madre ti chiama.	Ziemlich genau 180 Minuten. (T)
7. Viene il medico.	Sein Haus in Rom hat er verkauft. (O)
8. Quando viene il tuo amico?	Entwarnung. (O)
9. molto difficile	Du Lügner! (M)

1 Graffiti

gab's auch schon in der Antike. Welche der Inschriften könnte von Quintus sein? Begründe.

2 Familie „Recht"

Von der Familie, zu der *ius* gehört, kennst du bereits zwei Substantive und ein Verb. Nenne sie.

3 Da ist Latein drin!

- Hat sich der Spieler verletzt oder **simuliert** er nur?
- Meine Freundin will **Jura** oder **Literatur**wissenschaft **studieren**.
- Heute wird eine **Filiale** dieses Geschäfts eröffnet.
- Die beiden sind ein gutes **Duo**.

4 Die lieben Verwandten

Welches Wort muss logischerweise ergänzt werden?

1. Flavius Lepidus: pater, Flavia: ? filia
2. Flavia: puella, Marcus: ? puello
3. mater Flaviae: matrona, Flavia: ?
4. Aemilia: femina, Calvus: ? femiaus
5. Caecilia: mater Flaviae, Aulus: ? Flaviae pater

1 Zahlen im Überblick

unus, una, unum	ein	sex	sechs
duo, duae, duo	zwei	septem	sieben
tres, tres, tria	drei	octo	acht
quattuor	vier	novem	neun
quinque	fünf	decem	zehn

Die Zahlen hat „Mutter Latein" ebenfalls an ihre „Kinder", die romanischen Sprachen, weitergegeben und du kannst sie z. B. im Italienischen gut erkennen. Bestimmt kannst du auch die Bedeutung der italienischen Substantive aus dem Lateinischen erschließen und weißt, um wie viel wovon es sich handelt.

cinque amici – otto isole – nove alberi – due monumenti – sei ore – tre medici – sette cani – una favola – dieci anni – quattro voci

2 Erster, zweiter, dritter

Einige Ordnungszahlen kennst du schon, die anderen kannst du aus den Grundzahlen erschließen. Bringe sie in die richtige Reihenfolge, dann ergeben die Buchstaben in Klammern ein Lösungswort.

septimus (I) – quartus (N) – nonus (T) – tertius (G) – secundus (O) – decimus (I) – octavus (S) – primus (C) – sextus (V) – quintus (O)

Schreibe eine Tabelle als Überblick über die Grund- und Ordnungszahlen 1–10 in dein Heft.

3 Da ist Latein drin!

- Er trägt ein **uni**farbenes Hemd.
- Kannst du das Lied eine **Oktave** höher spielen?
- Das Theaterstück feiert morgen **Premiere**.
- In Deutschland benutzen wir beim Rechnen das **Dezimal**system.
- In der Konzerthalle tritt heute ein bekanntes **Trio** auf.
- Wie viele Seiten hat ein **Quadrat**?
- These are my **parents**.
- Hast du **Interesse** am Reiten?

4 *ad* und *ab* – hin und weg

Du kennst drei Komposita, bei denen die Vorsilbe *ab* „weg" bedeutet, und fünf Komposita, bei denen die Vorsilbe *ad* „hin ... zu, bei" bedeutet. Stelle sie mit deutscher Bedeutung zusammen. Denke daran, dass Vorsilben leicht verändert sein können.

5 Statue of Liberty

Im Hafen von New York steht die Statue of Liberty.
Welcher lateinische Begriff steckt in Liberty?
Was stellt diese Figur demnach dar?

Informiere dich in einem Lexikon oder im Internet, welche zwei weiteren Wertbegriffe zu den Menschenrechten gehören.

1 Da ist Latein drin!

a Nenne das zugrunde liegende lateinische Wort und erkläre das Fremdwort.
- Die Direktorin strahlt **Autorität** aus.
- Der Wagen ist mit einem **Defekt** liegen geblieben.
- In Rom sehen wir heute noch viele **Relikte** der Vergangenheit.

b Erkläre folgende Fremdwörter, indem du sie auf ihre lateinische Vokabel zurückführst, ihre Bedeutung mit eigenen Worten umschreibst und ein Beispiel für die Verwendung nennst: Petition – Kredit – Filiale.

2 Paare bilden

Stelle je zwei Wörter zusammen, die der Bedeutung nach zusammenpassen.

prudentia – causa – dolus – urbs – credere – deus – mare –
fides – murus – ob – sapientia – sacerdos – fraus – litus

3 Parliamo italiano.

Übertrage die Tabelle in dein Heft, trage die italienischen Substantive ein und ergänze das lateinische Substantiv, sein Genus und die deutsche Bedeutung.
Was stellst du beim Vergleichen fest?
Achte auf die Endungen der Wörter und versuche, eine Regel zu formulieren, wie die italienischen Substantive von den lateinischen abgeleitet werden können.

la via	via	f	Weg
il popolo	populus	?	?

il cane – la cena – il senatore – la dea – la fortuna – il padre – la madre – il mare – la mente – la lettera – il monte – il vino – la morte – il dio – la nave – il numero – il ponte – il silenzio – la terra

4 DICTA et SENTENTIAE

Hier lernst du bekannte lateinische Sprüche und Sentenzen kennen.
Lies dir die Erklärungen im Lösungsteil gut durch und lege dir eine Extra-Seite an, auf der du alle DICTA et SENTENTIAE sammelst.

Medias* in res

* **medius, -a, -um:** der mittlere, mitten

sagt man, wenn man

A. sehr beschäftigt ist,
B. im Mittelpunkt stehen will,
C. gleich zur Sache kommen will,
D. einen Kompromiss schließt.

5 Sammle alle lateinischen Verben für Bewegung und ordne sie nach „Schnelligkeit“.

6 Stelle lateinische Wörter und Wendungen zum Wortfeld „Angst“ zusammen.

1 Da ist Latein drin!

a Wart ihr mit dem Auto oder **per pedes** unterwegs?

b Erkläre: Simulation – Solist – Mutation.

2 Wortfamilie

Von der Wortfamilie, zu der *iurare* gehört, kennst du bereits vier Mitglieder. Nenne sie.

3 Parliamo italiano.

Zur Erinnerung Beispiele für italienische Substantive im Vergleich zu den lateinischen:

dea – la dea, populus – il popolo, vinum – il vino, canis – il cane, mater – la madre

Der italienische Artikel *la/il* wird vor Vokalen zu *l'*: amicus – l'amico, amica – l'amica

Nun kannst du selbst über das Lateinische die italienischen Substantive finden für:

das Wasser – der Kaiser – der Redner – das Schiff – das Jahr – der Arzt – das Glück – der Esel – das Licht – die Heimat – die Stimme – das Wohl.

4 DICTA et SENTENTIAE

Caelum, non ? mutant, qui trans mare currunt.

Welches Wort fehlt in dem Sprichwort?
A. villam – B. terram – C. animum – D. regem

5 Stelle lateinische Wörter und Wendungen zum Wortfeld „Trauer“ zusammen.

6 Französische Verwandte

Erschließe mithilfe der lateinischen Vokabeln, welche dieser französischen Wörter Verwandtschaftsbezeichnungen sind.

le père – la fille – l'amie – la reine – le roi – les parents – le frère – le dieu – l'homme – la mère – l'ami – le fils

1a Da ist Latein drin!

- Sie hat **spontan** gehandelt.
- Er hat seine Beteiligung **vehement** bestritten.
- Die **Fakten** sprechen für sich.
- Ich habe großen **Respekt** vor ihm.

b In der Politik werden viele Wörter verwendet, die auf lateinischen Ursprung zurückgehen. Überlege, welche Begriffe abgeleitet sein könnten von: *mandare, constituere, regere*.

2 Wortfamilie

Von der Wortfamilie, zu der *regere* gehört, kennst du bereits drei Mitglieder. Nenne sie.

3 Parliamo italiano.

Hier siehst du die sechs Personen eines italienischen Verbs. Bringe sie in die richtige Reihenfolge. Woran kannst du sie erkennen?

(lui) porta, (voi) portate, (tu) porti, (loro) portano, (io) porto, (noi) portiamo

Bilde mithilfe der lateinischen Vokabeln folgende italienische Verbformen:

ihr grüßt – er hofft – wir lieben – ich lade ein – sie befreien – du hoffst – ich liebe – er lädt ein – ihr befreit.

4 DICTA et SENTENTIAE

Omnia mea mecum porto

sagte
A. ein Kaiser, B. ein Philosoph,
C. ein Händler, D. ein Sportler.

5 „Q-Wörter“

Suche alle Fragewörter heraus. Was bedeuten die übrigen Wörter?

quam – quamquam – quando – quare – quid – quidem – quinque – quis – quo – quondam

6 Passende Namen

Welchen Geschäften, Firmen, Unternehmen usw. könnte man folgende Namen geben?

fides – iter – lux – nuptiae – sapientia – oculus – vita – voluptas – aspicere – tempus – murus – auxilium

7 Genus-Tradition

Vergleiche die französischen Substantive mit den ihnen zugrunde liegenden lateinischen Substantiven und prüfe, ob diese Behauptungen stimmen: Aus den lateinischen Neutra sind Maskulina geworden; Feminina sind Feminina geblieben. (Das sind die französischen Artikel: Mask.: le, Fem.: la.)

la fable – le verbe – la nuit – le ciel – le vin – la lettre – le spectacle – le mur – la porte – le nom – la famille – le conseil – la flamme

1 Was ist gemeint?

non parvus: ?

urbem circumdant: ?

qui primus ex duobus venit: ?

ira commotus: ?

2 Wer braucht was?

Stelle sinnvolle Sätze zusammen.

foco – templo[1] – mihi – patrono – consuli – equiti – domino – mari	opus est	ara – auxilio – equo – aqua – senatoribus – flamma – reo – servo

3 Parliamo italiano.

a Vergleiche: salutavi – (io) ho salutato – ich habe gegrüßt
Wie wird in den drei Sprachen jeweils das Perfekt gebildet?

b Die italienischen Partizipien kannst du mithilfe des lateinischen PPP erschließen.
Schreibe: fatto – factum – gemacht.

amato – sentito – promesso – portato – lavorato – dato

c Hier ist das Hilfsverb *avere* – haben: (io) ho, (tu) hai, (lui/lei) ha, (noi) abbiamo, (voi) avete, (loro) hanno.
Nun kannst du auf Italienisch sagen:
wir haben gearbeitet – du hast versprochen – sie hat geliebt – ihr habt gebracht – ich habe gegeben – sie haben versprochen – du hast gefühlt – er hat gearbeitet – ihr habt gegeben – ich habe geliebt

4 DICTA et SENTENTIAE

Sine ira et studio

wollte der römische Geschichtsschreiber Tacitus Ereignisse der Kaiserzeit aufschreiben.
Welche der folgenden Begriffe passen zu dieser Einstellung?

ausführlich – objektiv – rücksichtslos – einfühlsam – offen – gefühllos – unparteiisch – anschaulich – unbeteiligt – oberflächlich

5 Stelle alle Bezeichnungen für Verwandtschaftsverhältnisse zusammen.

6 Übersetze die Verbindungen mit *facere*; suche treffende Ausdrücke.

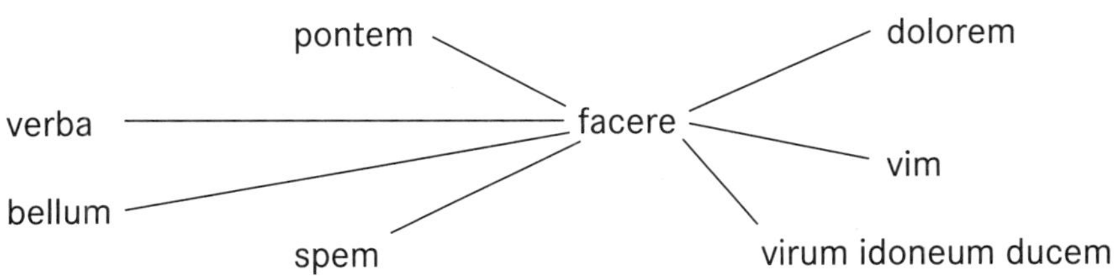

1 Charaktersache

Ein Mensch kann viele Charaktereigenschaften haben. Er kann z. B. *superbus* oder *mollis* sein. Mit welchen lateinischen Adjektiven würdest du eine dir sympathische oder unsympathische Person charakterisieren?

2 Da ist Latein drin!

- Der Abgeordnete erhält sein **Mandat** von den Wählern.
- Die Kür der Eisläuferin war **perfekt**.
- Diese Medizin wird **oral** verabreicht.

3 DICTA et SENTENTIAE

Verum gaudium res severa* est.

* **sevērus, -a, -um:** ernst

Das ist doch ein Widerspruch! Oder vielleicht doch nicht? Wie könnte man die Aussage dieses Spruchs erklären?

4 Parliamo italiano.

► medico → medici – cane → cani – villa → ville – lettera → lettere

Aus den angegebenen Beispielen kannst du erschließen, wie der Plural bei den meisten Substantiven im Italienischen gebildet wird.
Wie lauten dann die Pluralformen zu:

monte – corpo – ponte – terra – figlia – numero – via?

5 Sklaventreiber

Welche lateinischen Wörter aus Lektion 25 fallen dir zu diesem Bild ein?

6 Da steckt noch mehr dahinter.

Zu jeder der folgenden Vokabeln gibt es mindestens ein Substantiv oder Verb aus derselben Wortfamilie.

imperare – inimicus – iniuria – terribilis – orare

7 Mutter Latein...

Nenne die lateinischen Wörter, aus denen sich die englischen, französischen, italienischen und spanischen entwickelt haben, und ihre deutsche Bedeutung.

LATEIN	ENGLISCH	FRANZÖSISCH	ITALIENISCH	SPANISCH	DEUTSCH
?	wine	vin	vino	vino	?
?	art	art	arte	arte	?
?	to finish	finir	finire	finalizar	?
?	to enter	entrer	entrare	entrar	?

1 Austauschen

Ersetze jedes Verb durch ein anderes aus diesem Wortschatz, das eine ähnliche Bedeutung hat.

oppugnare ⟶ ?   rapere ⟶ ?   ruere ⟶ ?

2 Da ist Latein drin!

- **Sukzessive** fanden sich alle Zuschauer im Saal ein.
- An dieser Stelle müssen die Trompeten **forte** spielen.
- Auch als **Ruine** ist die Burg noch beeindruckend.

3 Stelle alle Vokabeln aus dieser Lektion zusammen, die eine Mengenangabe enthalten. Bestimmt fallen dir noch fünf weitere Vokabeln zu diesem Wortfeld ein!

4 Vorsicht, Falle!

Diese Vokabeln sehen so aus, als hätten sie ähnliche Bedeutungen. Stimmt aber nicht! Wie lauten sie?

vita – vitare   privare – privatus

5 Parliamo italiano.

Stell dir vor, du sitzt in einer Eisdiele in Rom und erklärst dem Kellner mit deinen Lateinkenntnissen, was du willst! Bis auf das *gelato* und den *zucchero* kannst du alle italienischen Wörter von lateinischen ableiten. Entspricht die Verwendung der Wörter im Italienischen immer der im Lateinischen?

Il gelato è molto bene! – Un po(co) di zucchero, per favore! – Un altro gelato, per favore!

6 DICTA et SENTENTIAE

Fortes fortuna adiuvat*.

* **adiuvāre:** unterstützen, helfen

Beschreibe mit eigenen Worten die Bedeutung dieses Spruches. Welches andere Adjektiv könntest du deiner Meinung nach anstelle von *fortes* noch einsetzen?

7 Das steckt dahinter.

Die „eigentliche" Bedeutung dieser französischen Wörter kannst du aus ihrer Ableitung aus dem Lateinischen erklären.

le printemps: der Frühling – les vacances: die Ferien – l'exercice: die Übung

1 Gleich und doch nicht gleich

Für die folgenden Wörter hast du jeweils ähnliche oder gleiche Bedeutungen gelernt. Stelle die „gleichen“ zu Paaren zusammen. Gibt es dabei kleine, aber feine Bedeutungsunterschiede?

proelium – omnis – timor – inimicus – metus – universus – adversarius – pugna

2 Chamäleon *committere*

a Übersetze die Wendungen mit *committere* mit einem möglichst passenden deutschen Ausdruck.

proelium ← committere → nefas

↓

filium amico

b Was bedeutet im Englischen: he committed a crime (crime = Verbrechen)?

3 Parliamo italiano.

Die Artikel im Italienischen haben sich aus dem Pronomen *ille/illa* entwickelt. Versuche zu erklären, wie sie sich aus ihren lateinischen Vorgängern entwickelt haben, und ordne sie den Substantiven richtig zu.

i – la – le – il   vita – medici – monumento – lettere

Wie lautet der Singular bzw. Plural zu: il vino – la villa – i numeri – la storia – il corpo – le terre?

4 *in-* und *in-* ist nicht dasselbe.

imponere – intrare – iniquus – incolumis – invadere – inimicus – invenire – impetus

Alle Vokabeln beginnen mit der Vorsilbe *in-*, doch dieses *in-* hat zwei verschiedene Bedeutungsrichtungen. Du kannst die Wörter zwei verschiedenen „*in*-Bereichen“ zuordnen. Welchen?

5 Da ist Latein drin!

- Diese Uhr ist **water-resistant.**
- Das ist ein **intelligenter** Schüler!
- Welche Funktion hat die **delete**-Taste auf deinem Computer?

6 Was bedeutet dieses Zeichen?

Auf welches lateinische Wort geht das englische zurück?

7 DICTA et SENTENTIAE

Sicherlich kennst du noch den berühmten Spruch:

Veni, vidi, vici.

Von wem stammt er doch gleich? Und was wollte der Sprecher damit ausdrücken?

1 Gegensätze ziehen sich an.

Ordne zu Gegensatzpaaren:

eripere pro odium in-imicitiae	⟷	amicitia amor contra dare

2 Da ist Latein drin!

- Die Mannschaft stand im **Finale**.
- Da habe ich ihm aber **Kontra** gegeben!
- Dort liefen einige **obskure** Gestalten herum.
- Das Gebäude war festlich **illuminiert**.

3 Tell me in German!

4 Substantive basteln

► magni-tudo: die „Großheit“, Größe

Erschließe die folgenden Substantive und ihre Bedeutung: fortitudo – pulchritudo – multitudo – altitudo.

5 Hand und Schar

Gibt es einen Grund, warum die Römer beides mit *manus* bezeichneten? Versuche eine Erklärung.

6 Parliamo italiano.

Auf den ersten Blick kannst du erkennen, dass sich das italienische Partizip Präsens aus der lateinischen Form entwickelt hat.

► Lat.: port**ant**em – Ital.: port**ant**e – Dt.: trag**end**

Was ist also: l'amante – l'atleta corrente – un bambino dormiente – il mese (< mensis) corrente?

7 DICTA et SENTENTIAE

Ego sum Alpha et Omega: initium* et finis.

* **initium, -ī** n: Anfang

Wer könnte das gesagt haben? Was wollte er damit deutlich machen?

1 Wortbild

Welche lateinische Vokabel ist hier dargestellt?

2 Bitte, bitte!

Stelle ein Sachfeld „bitten“ zusammen. Du findest mindestens fünf Wörter.

3 Parliamo italiano.

Substantiv, Adjektiv oder Verb? Um welche Wortart es sich bei diesen italienischen Wörtern handelt, kannst du schnell entscheiden, weil du das zugrunde liegende lateinische Wort kennst. Nenne es jeweils mit seiner deutschen Bedeutung.

sto – silenzio – tengo – pericolo – uomo – amore – dormo – vento – solo – corro – morto – mente – cresco – vergine – esempio – spero – fortuna – luce – duro – buono – ponte – sinistro – morte – figlio – umanità – salute – vivo – scrivo – alto – lungo – apro – facile – vero – vino – credo

4 DICTA et SENTENTIAE

Manus manum lavat

sagt man, wenn zwei
A. sich streiten,
B. sich gegenseitig weh getan haben,
C. sich einig sind,
D. sich gegenseitig einen Gefallen tun.

5 Da ist Latein drin!

- Kennst du seine **familiären** Verhältnisse genauer?
- Der Platz wird besonders im Sommer von jungen Leuten **frequentiert**.
- Das Medikament muss **intravenös** gespritzt werden.
- Er trinkt keinen Tropfen Alkohol, er ist **Abstinenzler**.

6 Im Gegenteil!

captivus ⇔ l ? felix ⇔ i ? abesse ⇔ a ?

dexter ⇔ s ? considere ⇔ s ? temptare ⇔ d ?

7 Fragen über Fragen

Sammle alle Wörter, die eine (direkte oder indirekte) Frage einleiten können.

q? n? u?
c? -n?
q? a? q?
n? q?
q? u? q?

1 Wortbild

Welche lateinische Vokabel ist hier dargestellt?

2 Familientreffen

Du kennst mindestens ein weiteres Wortfamilienmitglied. Die Angabe dahinter sagt dir, ob es sich um ein Verb, ein Adjektiv oder ein Substantiv handelt. Nenne auch die deutschen Bedeutungen.

aedis [V] – amicus [S, S] – audere [S] – captivus [V] – conspicere [S] – consultum [V, S] – cupere [S] – dux [V] – familiaris [S] – finire [S] – fuga [V] – imperare [S, S] – incendium [V] – iniuria [S, V] – ira [A] – magnitudo [A] – metuere [S] – multitudo [A] – nuntiare [S] – sacerdos [A, V] – studium [V] – timor [V]

3 Parliamo italiano.

a Lege eine Tabelle Italienisch – Latein – Deutsch an. Trage die italienischen Substantive ein. Setze dabei die Artikel *il* oder *la* (vor Vokalen *l'*) dazu, je nach dem Genus des lateinischen Ursprungswortes. Trage in die zweite Spalte das lateinische Ursprungswort und in die dritte die deutsche Bedeutung ein.

b Prüfe, ob folgende Regel für das Italienische stimmt:
Italienische Substantive auf -a sind Feminina, auf -o Maskulina.
Substantive auf -e können Maskulina oder Feminina sein.

silenzio – pericolo – uomo – amore – giudice – oratore – vento – sole – mente – vergine – mese – esempio – fortuna – luce – ponte – morte – figlio – umanità – salute – monte – corpo – fuoco – vino – amicizia – dolore

4 DICTA et SENTENTIAE

Homo animal rationale* est.

* **ratiōnālis, -is, -e:** *Adj. zu* ratiō

Die Vokabel *animal* kannst du aus dem Englischen erschließen.
Wie muss sie hier sinnvoll übersetzt werden?

5 Da ist Latein drin!

- Wer hat die **Initiative** ergriffen?
- Es kommt nicht auf die **Quantität** an.
- Meine Eltern machen jetzt keine **Konzessionen** mehr.
- Der Cowboy zog seinen **Revolver**.

1 Wortbild

Welche lateinische Vokabel ist hier dargestellt?

2 Bedeutungsvolle Mädchen

Die Mädchennamen Klara und Mira kannst du aus lateinischen Wörtern erklären.

3 Parliamo italiano.

So heißen einige Körperteile auf Italienisch: la mano – l'occhio – l'umero – il piede.
Wie heißen sie auf Deutsch?

4 Da ist Latein drin!

- Ich freue mich auf die **Advent**szeit.
- Die Prüflinge schreiben **Klausuren**.
- Mitten in ihrer Rede brach sie **abrupt** ab.
- Hier entsteht eine neue Müll**deponie**.
- Das Frühstück ist **inklusive**.

5 DICTA et SENTENTIAE

Amantes amentes.

Wie ist jemand, der *a-mens* ist (*a* bedeutet so viel wie „ohne")?
Findest du eine treffende Übersetzung, bei der vielleicht sogar das Wortspiel nachgeahmt wird?

6 Wochentage in Europa

Übertrage die Tabelle in dein Heft und trage die Bezeichnungen der Wochentage ein.
Hier sind – nicht in der richtigen Reihenfolge –
die italienischen: *mercoledì, lunedì, venerdì, giovedì, domenica, martedì, sabato,*
und die französischen: *vendredi, mardi, lundi, samedi, mercredi, dimanche, jeudi*.

Vergleiche die Bezeichnungen untereinander: Wo gibt es große Unterschiede?
Suche Erklärungen für die Bezeichnungen der Wochentage im Lateinischen und Deutschen.

LATEINISCH	Erklärung	ITAL.	FRANZ.	ENGL.	DEUTSCH	Erklärung
dies Lunae	Tag des Mondes	?	?	?	?	?
dies Martis	?	?	?	?	?	?
dies Mercurii	?	?	?	?	?	?
dies Iovis	?	?	?	?	?	?
dies Veneris	?	?	?	?	?	?
dies Saturni	Tag des Gottes Saturn	?	?	?	?	?
dies Solis/ dies dominica*	?	?	?	?	?	?

1 Und darunter?

Dieses Bodenmosaik befand sich in Pompeji an einem Hauseingang und man kann auch einen Satz darunter lesen. Welchen wohl?

A. Intrate, amici!
B. Nemo adest!
C. Dominus amicus canum!
D. Cave canem!

2 DICTA et SENTENTIAE

Beatus ille, qui procul negotiis.

Die Vokabel *negotium* ist dir nicht bekannt. Überlege, was vom Sinn her passen könnte.
Die Bedeutung des Wortes findest du versteckt in folgender Aufgabe.
Nimm den angegebenen Buchstaben der deutschen Bedeutung.

irridere (1.) – libertas (6.) – promittere (3.) – pugna (4.) – somnus (6.) – comes (4.) – invitare (2.) – parcere (2.) – vehemens (1.) – tempus (4.) – ripa (1.) – aedificare (5.) – satis (1.)

3a Da ist Latein drin!

- Die Siegermannschaft erhält einen **Pokal**.
- Die Zeitung behauptet, dieser Politiker sei **korrupt**.
- Wir haben für die Wohnung eine hohe **Kaution** hinterlegt.
- Seine Schwester heißt **Beate**.

b Führe folgende englische Verben auf die zugrunde liegenden lateinischen zurück und nenne die deutsche Bedeutung.

to exspect – to defend – to explain – to move – to appear – to delete – to offend – to ignore – to respond – to invite – to persuade – to invent – to finish

4 Familientreffen

Nenne die „Verwandten“ folgender Wörter.

praeceps – scire – custos – aditus – imperium – familia – gaudere – ira – magnitudo – vox – paratus – sententia – victoria – mandare – libertas

5 Zusammenstellung

Stelle alle Komposita von *ponere* mit Stammformen und deutscher Bedeutung zusammen.
Schätze vorher, wie viele du bereits kennst.

6 Einfach Verben

Nenne die Verben, die diesen Komposita zugrunde liegen, mit ihren Stammformen.

adhibere – occidere – praetermittere – incedere – suscipere – circumstare

7 Wurzel im Lateinischen

Ordne die englischen Wörter ihren lateinischen Wurzeln zu und nenne die deutsche Bedeutung.

to study – to neglect – to reduce
to prohibit – to respect – to close
to promise – to propose

proponere – prohibere – claudere
neglegere – studere – promittere
respicere – reducere

1 *re – af – ef – in – au*

Welche Vorsilbe passt zu welchem Pfeil? Die beiden neuen Vorsilben *in-* und *au-* kannst du dir leicht erschließen. Was bedeutet dann *in-ferre* bzw. *au-ferre*?

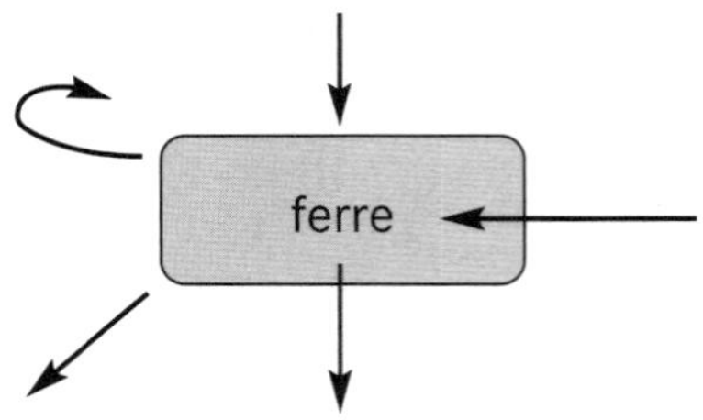

2 Da ist Latein drin!

- Er hielt ein **Referat** über Julius Cäsar.
- Diese Sache ist mir **suspekt**.
- Der Anschlag wurde von **Terroristen** ausgeführt.

3 Mutter Latein

Nenne die lateinischen Wörter, aus denen sich die englischen, französischen, italienischen und spanischen entwickelt haben, und ihre deutsche Bedeutung.

LATEIN	ENGLISCH	FRANZÖSISCH	ITALIENISCH	SPANISCH	DEUTSCH
?	part	part	parte	parte	?
?	suspect	suspect	sospetto	sospechoso	?
?	quiet	in-quiet	quiete	quieto	?
?	terror	terreur	terrore	terror	?
?	justice	justice	giustizia	justicia	?

4 Ganz schön unpersönlich

Ordne den deutschen unpersönlichen Ausdrücken die entsprechenden lateinischen zu. Die Buchstaben hinter den lateinischen Ausdrücken ergeben in der richtigen Reihenfolge das englische Lösungswort.

man berichtet	oportet	g
es ist nötig	licet	t
es gehört sich	necesse est	h
es ist notwendig	ferunt	r
es ist erlaubt	opus est	i

5 DICTA et SENTENTIAE

Pax optima rerum!

Du kannst dir die Bedeutung von *optima* leicht erschließen. Stimmst du dem Spruch zu oder gibt es für dich eine andere *optima res*?

1 Singular ist nicht gleich Plural.

Bei manchen Vokabeln unterscheidet sich die Pluralbedeutung von der im Singular.
Bilde die Pluralformen zu folgenden Wörtern und gib die deutsche Bedeutung an.

copia – finis – homo – universus – aedis

2 *OP* du noch alles weißt?

Alle Vokabeln beginnen mit *op-*, haben aber ganz unterschiedliche Bedeutungen.
Entkommst du dem Verwechslungsdschungel?

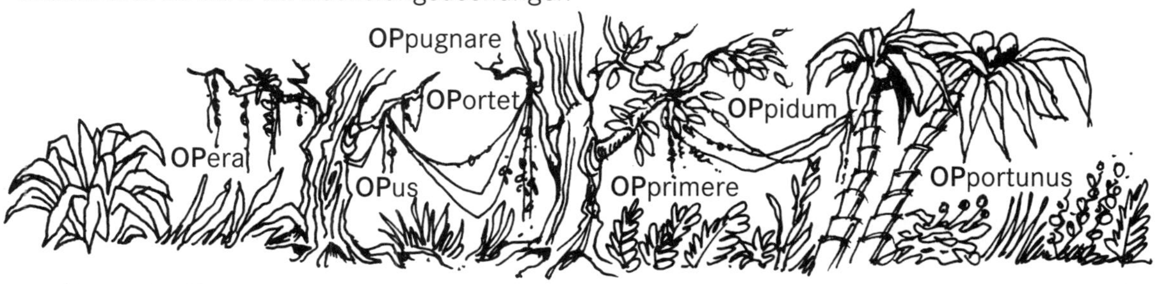

3 Parliamo italiano.

Der lateinische Genitiv und Dativ wird im Italienischen durch *di* bzw. *a* ausgedrückt.
Von welchen lateinischen Präpositionen sind die beiden italienischen abgeleitet?
Übersetze: Do dieci Euro a Pietro. – Vedo la villa di Leonardo.

4 Gut zu wissen

Was erwartest du, wenn du im Schaufenster eines Geschäfts in Italien dieses Schild siehst?

5 Hafen-Land

Welches europäische Land hat einen Hafen im Namen?

6 Da ist Latein drin!

- Über der Wiege des Babys hängt ein schönes **Mobile**.
- Der Soldat ist von seiner Einheit **desertiert**.
- Das ist bei uns so **Usus**.
- Zugdurchsage: „We are now arriving at Frankfurt Air**port**".

7 DICTA et SENTENTIAE

Calamitas virtutis occasio est.

Was ist mit diesem Spruch gemeint? Deine Übersetzerfähigkeiten helfen dir bei der Lösung.
A. Gelegenheit macht Diebe.
B. Im Unglück kann man zeigen, wozu man fähig ist.
C. Gelegentlich ist Tugend ein Unglück.

1 Lateinlupe

Pack deine Lateinlupe aus und bestimme, von welchen Vokabeln die folgenden Formen „stammen“.

versum – versuum – verbum – verum – vestrum – veterum
vicum – vivum – vinum – victum – virum – virium – vitium – vitatum

Stelle eine eigene „Verwechslungsreihe“ zusammen!

2 Mach einen virtuellen Spaziergang

durch das antike Rom und benenne alles, was du siehst, mit einem lateinischen Begriff (z. B. Hic *templum* video.). Allein aus diesem Wortschatz kannst du fünf Substantive verwenden!

3 Da ist Latein drin!

- Sie hat das Gedicht schön **rezitiert**.
- Welche Aufgabe hat ein **Kriminal**beamter?
- Und was macht ein **Simultan**dolmetscher?
- Was macht eine Fußballmannschaft, wenn sie ***pressing*** spielt?

4 Was könnte damit gemeint sein: *ignis-quis-vir*?

5 2 in 1

Manche Adjektive weiß man schon, bevor man sie gelernt hat. Wie geht das? Führe die Adjektive auf ein dir bekanntes Wort zurück.

regius ⟶ ? aureus ⟶ ? vivus ⟶ ?

Das funktioniert natürlich auch umgekehrt: pulchritudo ⟶ ? adversarius ⟶ ? ira ⟶ ?
humanitas ⟶ ? magnitudo ⟶ ? libertas ⟶ ? dignitas ⟶ ? necessitas ⟶ ?

6 Parliamo italiano.

sum *es* *est* *sumus* *estis* *sunt* entspricht im Italienischen
sono *sei* *è* *siamo* *siete* *sono*.

Stell dir vor, du verbringst deine Ferien mit ein paar Freundinnen und Freunden in Italien und bist mit einer Gruppe italienischer Bekannter verabredet. Stelle dich und deine Freunde auf Italienisch vor. Folgende Wörter helfen dir dabei: *chi* (< quis), *tu, noi* (< nos), *voi* (< vos), *e* (< et).

7 DICTA et SENTENTIAE

Als aetas aurea bezeichneten die Römer die Herrschaftszeit des Augustus. Was haben sie wohl damit gemeint? Leben auch wir in einer *aetas aurea*?

1 Angelehnt

Viele lateinische Wörter wurden, wie du weißt, im Deutschen fast unverändert übernommen („entlehnt“), z. B. *insula* – die Insel. Man nennt sie deshalb Lehnwörter. Ohne große Mühe kannst du mindestens 20 solcher Lehnwörter finden. Zwei sind schon in Wortschatz 36 enthalten.

2 Drüber, drunter, drauf ...

Wie war das doch gleich mit den Präpositionen? Ordne die Präpositionen den Abbildungen richtig zu und gib an, mit welchem Fall sie jeweils stehen.

circum – intra – de – super – iuxta – ex

3 Mindmap

Lege dir eine lateinische Mindmap zum Thema „Reichtum“ an. Hier ein paar Vorschläge – auf Deutsch: Gold, im Überfluss haben, ...

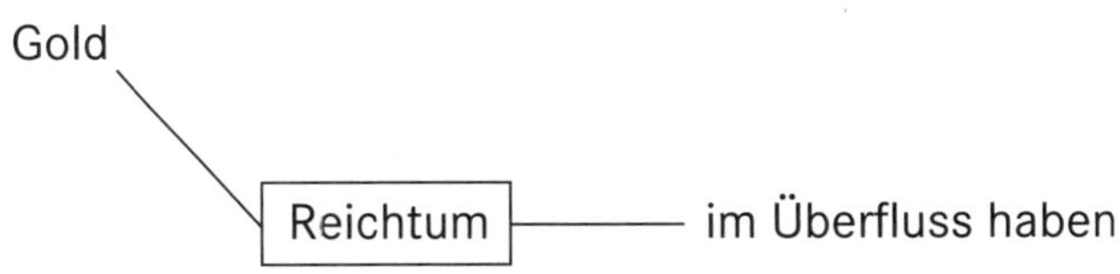

4 Da ist Latein drin!

- Die Dame trägt ein wunderschönes **Collier**.
- Endlich **floriert** die Wirtschaft wieder.
- Die Studenten gehen zum Mittagessen in die **Mensa**.
- Zu dieser politischen **Demonstration** kamen sehr viele Menschen.

5 Qualitätsware

Kannst du einem „Nichtlateiner“ den Unterschied zwischen *Qualität* und *Quantität* erklären?

6 DICTA et SENTENTIAE

Scientia* potentia est.

* **scientia, -ae** f: *Subst. zu* scīre

Wähle aus dem Angebot die treffende Wiedergabe aus.

A. Ich weiß, dass ich nichts weiß.
B. Durch Wissen ist sie mächtig.
C. Wissen ist Macht.
D. Nichts wissen macht nichts.

1 Wortbild

Welche lateinischen Vokabeln sind hier dargestellt?

A.  B. 

2 Da ist Latein drin!

- Die Band gibt ein **Benefiz**konzert für das Waisenhaus.
- Am Giebel des Hauses befinden sich schöne **Ornamente**.
- Ich bin vorübergehend in **pekuniären** Schwierigkeiten.
- Das Ergebnis ist nicht **optimal**, ihr müsst **effizienter** arbeiten.
- Dieser Vertrag ist völlig **legal**.
- Unsere Tochter heißt **Carmen** und unser Sohn heißt **Max**.

3 Erinnerst du dich?

Erkläre den Namen dieses Spiels.

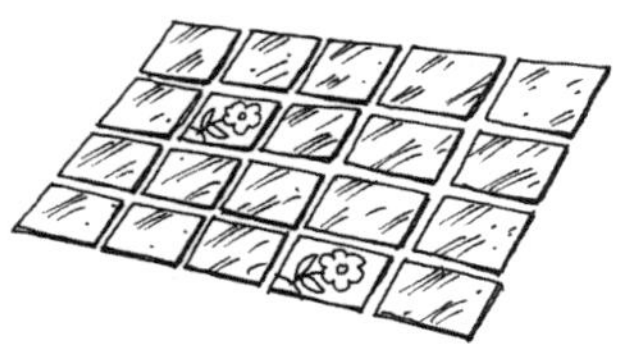

4 DICTA et SENTENTIAE

Pecunia non olet*,   * **olēre**: riechen, stinken

soll Kaiser Vespasian gesagt haben, als seine Einführung einer neuen Steuer kritisiert wurde. Nenne Ideen, worauf der Kaiser Steuern erhoben haben könnte. Die Antwort findest du, wenn du die verlangten Buchstaben der deutschen Bedeutungen dieser Verben hintereinander liest.

aperire (1./2./3.) – eripere (1./2./3.) – fugere (2./3.) – promittere (8./9./10.) – offendere (2./3.) – remedium (3./4.) – servare (2./3.) – respondere (7./8./9.)

5 Familientreffen

Viele Wörter kann man sich einfacher merken, wenn man sie ihren Familien zuordnet. Lege dir deshalb Listen mit Wortfamilien an (z. B. auf Karteikarten, auf Extra-Seiten in deinem Heft oder im Computer).
Trage in die Listen die Mitglieder der Wortfamilien ein, die dir bei dieser Übung – auch in den nächsten Lektionen – angegeben werden. Lass eine Zeile Platz für weitere Familienmitglieder.

imperator, imperium; imperare   terror, terribilis; terrere

Nomina		Verben	
imperator, -oris m	Kaiser, Feldherr	imperare	befehlen, herrschen
imperium, -i n	Befehl, Herrschaft, Reich		
terror, -oris m	Schrecken	terrere, terreo, terrui	erschrecken
terribilis, -is, -e	schrecklich		

Trage in deine Listen ein:

iudex, iudicium; iudicare – exercitus; exercere – ludus; ludere – donum; donare – pugna; pugnare, expugnare, oppugnare – parcus; parcere – victor, victoria; vincere.

1 Wortbild

Welche lateinischen Vokabeln sind hier dargestellt?

A.

B.

2 Familientreffen

Trage in deine Listen ein:

sententia; sentire – vita, vivus; vivere – fuga; fugere, profugere – custos, custodia; custodire – casus; cadere – mirus, admiratio; admirari – mora; morari.

3 So ähnlich wie ...

Stelle Paare zusammen aus Wörtern, die eine ähnliche Bedeutung haben.

aspicere – causa – censere – conari – coniunx – contemplari – forma – indicare – lumen – lux – nuntiare – opinari – propter – pulchritudo – temptare – timere – uxor – vereri

4 Da ist Latein drin!

- Ich kenne mich damit nicht aus, ich muss einen **Experten** fragen.
- Er hat alles versucht und nun ist er ganz **frustriert**.
- Unter einem **Indikator** versteht man in der Chemie eine Substanz, mit der eine chemische Reaktion gezeigt werden kann.

5 DICTA et SENTENTIAE

Der mos maiorum war für die Römer ein Leitbegriff: Die Wertvorstellungen der Vorfahren, ihre Sitten und Bräuche wurden als ideal verstanden, sie sollten weitergegeben werden und bestimmend sein für das eigene Verhalten und für den Staat. Denke darüber nach, ob das in der heutigen Gesellschaft ähnlich ist.

6 Objekt gesucht

Ergänze zu den Verbformen ein in Kasus und Bedeutung passendes Objekt. Bei richtiger Zuordnung ergibt sich aus den gekennzeichneten Buchstaben ein „Objekt“, das zu dir passt.

potiri – contemplari – moliri – vereri – fateri – admirari – hortari – protegere – experiri – amittere	am**i**cos – pulchritudi**n**em – op**p**ido – fortun**a**m – m**u**ros – mili**t**es – vita**m** – simulac**r**um – sc**e**lus – **d**eos

1 Da ist Latein drin!

- Wir haben seit Jahren keinen **Kontakt** mehr mit der Familie.
- In diesem Lied muss die **Sequenz** der Töne zweimal wiederholt werden.
- Sie überzeugt alle, denn sie ist sehr **eloquent**.
- Die Sieger erhalten eine **Prämie**.
- Die **Patienten** sitzen im Wartezimmer.
- Sei nicht so **passiv**, werde doch mal **aktiver**!

2 „Bla, bla, bla . . .“

Verbinde Anfang und Ende der Wörter zu 19 Vokabeln, die zum Sachfeld „Rede“ passen, und nenne ihre deutsche Bedeutung. Aus zwei übrig gebliebenen Teilen erhältst du ein Lösungswort.

ora – lo – accu – appel – ne – blan – demon – disse – do – fi – ora – expo – mo – defen – nar – re – opi – ver – di – ser

bum – ferre – tor – vere – cere – gare – rere – nari – cere – strare – lare – dere – tio – dus – nere – sare – nis – mo – qui – rare

3 Familientreffen

Trage in deine Listen ein:

ius, iustita, iniuria, iustus; iurare – iratus, ira; irasci – mors, mortuus, mortalis; mori – orator, oratio; orare – nocens, innocens; nocere – sapiens, sapientia – utilis; uti – paratus; parare.

4 DICTA et SENTENTIAE

Rem tene, verba sequentur.

Diese Spruchweisheit gibt dir einen Rat für Referate. Formuliere ihn mit eigenen Worten.

5 Wort-Bild

Um sich die Bedeutung besser merken zu können, kann man die lateinische Vokabel in Form eines Bildes gestalten, das die Bedeutung darstellt.
Suche selbst einige Vokabeln aus und gestalte sie als Wortbild.

```
  m
m o r i
  r
  i
```

```
        oratio oratio
      oratio oratio oratio
      oratio oratio oratio
    io oratio oratio
  at
or
```

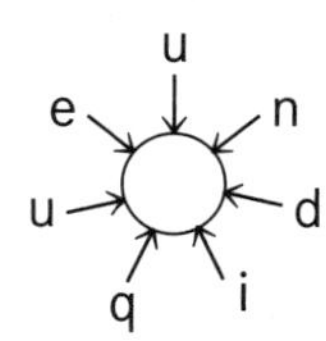

1 Gleich und ungleich

Stelle aus den beiden Kästen Paare zusammen
a aus Wörtern, die ungefähr die gleiche Bedeutung haben,
b aus Wörtern, die gegensätzliche Bedeutungen haben.

augere – vero – impellere – claudere – ferre – iuventus – amplus – invitus – ascendere – crescere – amor – dies	portare – minuere – liberare – odium – permovere – angustus – autem – nox – senectus – descendere – aperire – libens

2 Familientreffen

Trage in deine Listen ein:

reliquus; relinquere – cupidus, cupiditas; cupere – timor; timere – cura; curare – liber, libertas; liberare – preces; precari – pater, patres, patronus, patria – ruina; ruere.

3 Blick zurück in Englisch

Du hast schon viele lateinische Vokabeln kennen gelernt, aus denen sich englische Wörter entwickelt haben. Nenne das jeweils zugrunde liegende lateinische Wort und seine deutsche Bedeutung.

to expect – the silence – to stay/to stand – to appear – the emperor – the sign – to enter – the father – the judge – the question – to defend – the mother – second – to re-main – the example – the fortune – the voice – to study – the error – to at-tract – to ignore

4 Keine Angst?

Wähle aus den Vokabeln die aus, die zum Sachfeld „Angst" gehören.

fugere – accedere – alere – horrere – arbor – metus – cottidie – periculum – perturbare – existimare – praecipitare – facilis – profugere – ruere – servare – timere – fundere – terribilis – hospes – libens – perterrere – minuere – obtinere – evadere – flere

5 DICTA et SENTENTIAE

Quid est ? – Potestas vivendi, ut velis.

Für welchen Begriff gilt deiner Einschätzung nach die Definition?

avaritia – iniuria – invidia – labor – quies – pernicies – libertas – suspicio – servitus – usus

6 Da ist Latein drin!

- Wir besichtigten die Burg**ruine**.
- Die **Eruption** bei diesem Vulkanausbruch war gewaltig.
- Die neue Mitarbeiterin gibt viele gute **Impulse**.
- Wir leben in einer **Konsum**gesellschaft.
- Die wissenschaftlichen Bereiche an der Universität nennt man **Fakultäten** und das Gebiet, auf dem sich die Universität befindet, nennt man auch **Campus**.
- Sie wird noch größer, der Wachstums**prozess** ist noch nicht abgeschlossen.
- An manchen kirchlichen Feiertagen findet eine **Prozession** statt.

1 Im Gegenteil

Stelle zu jeder Vokabel aus dem linken Kasten eine mit gegensätzlicher Bedeutung; der Kasten rechts bietet eine Auswahl. Wenn die Gegenstücke in der richtigen Reihenfolge eingefügt sind, ergibt sich aus den Lösungsbuchstaben der aus drei Wörtern bestehende Lösungssatz.

invenire – terra – pessimus – vivus – abducere – incendere – odium – mollis – dies – incipere – nocere – flere – ignorare – invitus – longus – parvus

descendere (R) – mortuus (O) – perdere (H) – durus (M) – adesse (E) – exstinguere (T) – magnus (I) – aequus (B) – desinere (F) – exstruere (M) – libens (S) – aequor (O) – vita (V) – scire (I) – brevis (T) – nox (E) – adducere (P) – tacere (Q) – amor (I) – ridere (C) – optimus (C) – opprimere (L)

2 Familientreffen

Trage in deine Listen ein:

tutus; tutari – pius, pietas – aequus, aequor – spes, insperatus; sperare, desperare – gaudium; gaudere – labor; laborare – incendium; accendere, incendere – captivus; capere.

3 Gefühlssachen

Diese Vokabeln bezeichnen menschliche Eigenschaften, Gefühle, Gefühlsregungen u. Ä. Kennst du noch ihre Bedeutungen?

admiratio – amor – ardor – audacia – avaritia – clemens – crudelis – diligentia – dolor – flere – fortis – gaudium – improbus – invidia – irridere – maestus – odium – parcus – pietas – pulchritudo – robustus – saevire – stultus – superbus

4 Blick zurück in Englisch

Nenne das jeweils zugrunde liegende lateinische Wort und seine deutsche Bedeutung.

to neglect – the mount(ain) – to move – to oppress – to reduce – the hour – to offend – the science – to promise – difficult – to liberate – the vote – to access – the favour – the flame – the art – to explain – the honour – to trade – alien – the city – the empire – to invite

5 DICTA et SENTENTIAE

Quidquid agis, prudenter* agas et respice ? .

* **prūdenter** (*Adv.*): klug

Welches Wort ist zu ergänzen: fraudem – focum – finem – frumentum?

6 Da ist Latein drin!

- Der Kriminal**inspektor** untersucht den Fall.
- Ich glaube, das klappt nicht; da bin ich **pessimistisch**.

1 Familientreffen

Trage in deine Listen ein:

deditio; dedere – nomen; nominare – obsidio; obsidere – fides; confidere – adventus; advenire – salus; salutare – familiaris, familia – magnus, magnitudo – cena; cenare – navis; navigare.

2 Welche grammatische Eigenschaft

haben die unterstrichenen Adjektive gemeinsam?

plenus vini   veri similis   cupidus gloriae

3 Da ist Latein drin!

4 Warum kann ein *perpetuum mobile* in der Realität nicht funktionieren?

5 Blick zurück in Englisch

Nenne das jeweils zugrunde liegende lateinische Wort und seine deutsche Bedeutung.

to prohibit – the virgin – the liberty – the parents – the doubt – to persuade – the sentence – content – cruel – the fact – to respect – the invention – occupied – to consult – to finish – diligent – to delete – opportune – the victory – to an-nounce – to resist – the castle

6 Voll „*cras*“

Teste dein lateinisches „Zeitgefühl“ und stelle zehn Vokabeln zum Bereich „Zeit(angabe)“ zusammen.

7 DICTA et SENTENTIAE

condicio sine qua non

Was bedeutet dieser häufig gebrauchte Ausdruck? Überlege dir eine Situation, in der du ihn sinnvoll anwenden könntest.

1 Familientreffen

Trage in deine Listen ein:

gradus; egredi – miles, militia – aditus; adire – consul, consultum, consilium; consulere – regius, rex, regina, regnum; regere – laus; laudare – aedificium; aedificare.

2 Sonnenklar!

Okzident Orient

Erkläre die Bedeutung der beiden Fremdwörter.

3 Computer-Latein

Welche Funktion hat diese Hard- bzw. Software?
Deine Lateinkenntnisse helfen dir weiter!
Sicherlich findest du auf deinem Computer (**computāre**: rechnen) fünf weitere Begriffe, die auf lateinische Wörter zurückgehen.

4 Da ist Latein drin!

- Could you **repeat** this sentence, please!
- This is a good **service**.
- These apples are of **inferior** quality. The others are of **superior** quality.
- Der **Pastor** kümmert sich um seine Gemeinde.
- Welchen Zweck erfüllt im Christentum die **Konfirmation** bzw. **Firmung**?
- Das wird **Konsequenzen** haben!

5 Blick zurück in Englisch

Nenne das jeweils zugrunde liegende lateinische Wort und seine deutsche Bedeutung.

to postulate – frequent – the admiration – to deliberate – to exit – to close – to compose – the occasion – to propose – to interrupt – the justice – the part – the peace – quiet – suspicious – the port – various – the desert – the author – the crime

6 DICTA et SENTENTIAE

Dum spiro, spero.

Welche der vier angegebenen Übersetzungen trifft die lateinische Aussage? Was macht den Spruch so besonders einprägsam?

A. Ich habe den längsten Atem.
B. Ende gut, alles gut.
C. Die Hoffnung stirbt zuletzt.
D. Es ist alles hoffnungslos.

1 Qui-z

quidam ? qui quinque ? quidem ? quicumque ? quia
quies quin quisquis

Wie lauten die Bedeutungen dieser „qui"-Wörter?

2 Nur nicht ins Rotieren kommen!

Du kannst alle Bedeutungen der Komposita von *esse* erschließen. Entwirf ein ähnliches Rad für die Komposita von *ferre* und *ire*.

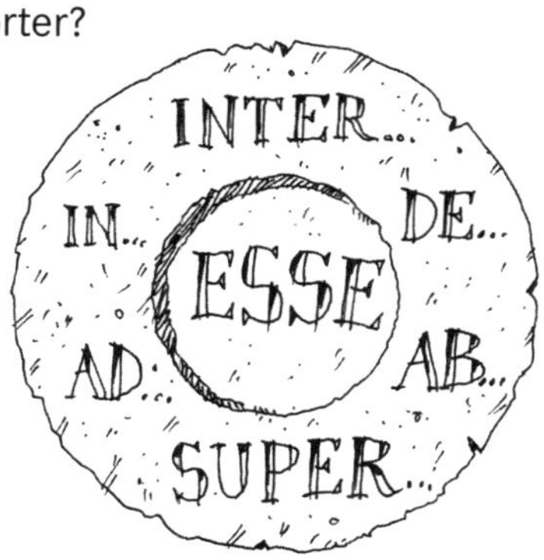

3 Vorsicht, Verwechslung!

vul ? us

Es gibt drei Möglichkeiten. Setze die passenden Buchstaben ein und gib die Bedeutung des jeweiligen Wortes an.

4 Familientreffen

Trage in deine Listen ein:

plenus; explere – prudens, prudentia – senectus, senex – dives, divitiae – nocturnus, nox – color; dolere – nuntius; nuntiare – signum; significare – exercitus; exercere – pulcher, pulchritudo.

5 Da ist Latein drin!

- Diese Erzählung steht im **Präteritum**.
- Er wirkt schon etwas **senil**.
- Sei doch nicht so **aggressiv**!

6 Aller guten Dinge sind drei.

Je ein italienisches und englisches Wort gehen auf ein lateinisches zurück. Bilde Dreier-Ketten.

7 DICTA et SENTENTIAE

Dantur opes nulli nunc nisi divitibus.

Mit diesem Vers spricht der Dichter Martial ein ganz aktuelles Thema an. Wie stehst du zu dieser Aussage?

1 Familientreffen

Trage in deine Listen ein:

armatus, arma – laetus, laetitia – dux; ducere, adducere, inducere – dignus, dignitas – genus; gignere – aureus, aurum – diligens, diligentia; diligere – humanus, inhumanus, humanitas.

2 Da ist Latein drin!

- Wieso heißt der **Kontinent** eigentlich Kontinent?
- Die **Konkurrenz** war ziemlich stark.
- Was ist eine **Extra**-Wurst?
- Die beiden Autos stießen **frontal** zusammen.

3 Lateinlupe

Schau bei den folgenden Wortpaaren genau hin und unterscheide die jeweiligen Bedeutungen.

fortis – forte   crux – crus   velut – velit   fugare – fugere

4 Schnittmenge

Qui fit?

orator velut Cicero

Quemadmodum hoc fecisti?

?

Ut vales?

Quam gaudeo!

5 Blick zurück in Englisch

Nenne das jeweils zugrunde liegende lateinische Wort und seine deutsche Bedeutung.

necessary – to press – the table – to celebrate – the memory – saint – to admire – the glory – to protect – certain – to estimate – innocent – just – supreme – to use – to extinguish – to solve – to confirm – the opinion – to repeat – to except – the office – to recreate

6 DICTA et SENTENTIAE

Cuius regio, eius religio.

Dieser Satz war ein politisches Schlagwort im 16. Jh. Worauf spielt er an? Informiere dich über die historischen Zusammenhänge.

Mit den hier angegebenen Lösungen kannst du deine Ergebnisse kontrollieren. Führe diese Kontrolle sorgfältig durch, verbessere Fehler und übe Dinge, bei denen du nicht sicher warst.
Drei Erläuterungen zu den Übersetzungen:
[ ] kennzeichnet eine Hinzufügung für eine freie Übersetzung;
( ) kennzeichnet eine wörtliche Übersetzung;
/ kennzeichnet alternative Übersetzungen.

Übersetzungstexte

1–4

Quintus ist der Größte!

Er ist (ein) Wagenlenker; gerade eben betritt er den Circus. Aber warum freuen sich die Leute (Menschen) nicht? Warum rufen sie nicht: „Quintus, Quintus!"? Dann sieht er die Pferde; sie stehen [da] und lachen sehr. Er fragt: „Warum (Was) lacht ihr? Ich bin der Wagenlenker Quintus, der Liebling (die Liebe) der Menschen und der Götter. Ihr müsst [mir] gehorchen." Aber die Pferde lachen (bis hin zu) Tränen. Schließlich [sagen sie]: „Was hören wir [da], [du] Winzling (Menschlein, Schwächling)? Wir sehen keinen Wagenlenker. Was willst du [uns] befehlen (gedenkst du, uns zu befehlen), Menschlein?" Plötzlich gibt der Kaiser das [Start-]Zeichen. Quintus feuert die Pferde an, doch die Pferde [bleiben] stehen. Da schreit er [sie an] (gibt er Geschrei). Nun gehorchen die Pferde, nun stürmen sie los, nun schweigen die Leute (Menschen) nicht mehr. Was für eine Begeisterung (ein Toben) der Menschen, was für ein Eifer (Temperament) der Pferde! Schneller und schneller fliegen sie dahin (eilen sie), [und] Quintus fürchtet keine Gefahren (die Gefahren nicht). Plötzlich hört er: „Sei gegrüßt, Sieger Quintus, sei gegrüßt, Liebling (Liebe) der Menschen und der Götter!" Schon kommt (nähert sich) der Kaiser, schon hört Quintus die Worte des Kaisers: „Cäsar grüßt den Sieger!", schon ertönen die Trompeten. An dieser Stelle (Hier) schreit der Esel und weckt Quintus auf. Sofort ruft er: „Ich bin (der) Sieger, ich bin (der) Sieger!", und sieht … den Esel.

Mecum cantate canticum!

Singt mit mir ein Lied! Es singen die Jungen und die Mädchen. Ich singe, du singst, er (sie) singt dieses neue Lied.

1–8

Pech für die Piraten

(Obwohl der Text im Präsens gehalten ist, können die erzählenden Passagen auch im Imperfekt übersetzt werden.)
Cäsar fährt [einmal] mit seinen Freunden auf einem Schiff nach Griechenland (segelte nach G.)
Plötzlich hören sie lautes Geschrei der Matrosen (Seeleute) und rufen:
„Schaut, dort nähern sich viele Piraten unserem (dem) Schiff!"
Cäsar treibt (feuert) seine Freunde und die Matrosen (Seeleute) mit lauter Stimme an:
„Warum schreit ihr? Fürchtet ihr etwa die Piraten (Habt ihr etwa Angst vor Piraten)?
Kämpft mit euren Waffen, verteidigt das Schiff, [und] besiegt die Piraten!"
Cäsar kann nämlich als Einziger auch in großer Gefahr (in großen Gefahrensituationen) anderen souverän (mit Gleichmut) Befehle erteilen.
Aber die Piraten dringen schnell in das Schiff der Römer ein
und töten rasend wie die Furien (unter großer Raserei) fast alle Passagiere (Menschen).
Cäsar verschleppen sie in die Sklaverei (führen sie … weg/nehmen Cäsar gefangen).
Aber Cäsar fürchtet das Wüten (den Wahnsinn) der Piraten nicht.
Er sagt nämlich: „Ich habe keine Angst vor euch.
Hört [mir] zu: Ihr haltet den berühmten Cäsar gefangen (in Gefangenschaft)!
Warum fordert ihr nicht [Löse-]Geld für euren Gefangenen?
Sicherlich zögern meine Freunde keine Sekunde (nicht), [ihrem] Cäsar zu Hilfe zu eilen (kommen)."
Und schnell geben (bringen) seine Freunde viel Geld (auf)
und befreien Cäsar aus der Gefangenschaft (führen Cäsar aus der Gefangenschaft).
Cäsar, kaum befreit, ruft sofort alle [seine] Freunde zusammen und sagt mit lauter Stimme:
„Das Volk von Rom (römische Volk) weicht nicht vor Piraten zurück.
Lasst uns deshalb jetzt das Meer von den Seeräubern säubern (befreien)!
Warum (Was) zögert ihr? Besiegt diese Barbaren!"
Die Worte Cäsars gefallen allen (Alle stimmen den Worten Cäsars zu).
Sofort eilen alle unter großem Geschrei zu den Schiffen
und segeln rasch unter günstigen Winden zur Insel der Piraten.
Dort greifen sie die Seeräuber an, töten viele, [und] besiegen alle.

1–12

Ein Angeber *(Hic Rhodus, hic salta!)*

Auf dem Marktplatz standen viele Leute (Menschen). Einer aber war besonders (sehr) übermütig. Er sagte: „Ich war auf der Insel Rhodos. Dort gab es große Spiele (fanden statt), und ich habe alle anderen besiegt." Die übrigen Leute schwiegen zunächst, aber dann fragten sie den Mann (Menschen): „Was hast du [denn] dort vollbracht (geleistet)?"
[Da] lacht der Mann, zuerst schweigt er, dann antwortet er: „Ich hab [doch] schon gesagt: Ich habe alle anderen besiegt. Dort mussten alle laufen, und ich habe alle besiegt. Alle mussten den Diskus werfen, wieder habe ich alle besiegt. Alle mussten weitspringen …"
Plötzlich [unterbricht ihn] ein anderer Mensch (Mann): „… und du hast alle besiegt?"
Der übermütige Mann antwortet: „Was fragst du [noch]? Gewiss (Natürlich), ich pflege die anderen zu besiegen (ich siege immer über die anderen); und dort habe ich alle besiegt."
Es stand da auch ein Junge unter den Männern und hörte [das] alles [mit].
Jetzt fragt der Junge den übermütigen Mann: „Ist es erlaubt, etwas zu fragen/Darf ich etwas fragen?" Der übermütige Mann schreit/antwortet laut: „Selbstverständlich, frag [nur/doch], Junge!" [Da fragt] Der Junge: „Was hast du gesagt? Du allein hast alle besiegt? Ist das wahr? Ich glaube [das] nicht; das sind doch sicher [frei erfundene] Märchen! Aber wenn es (das) tatsächlich wahr ist, [dann] sage ich: Hier ist Rhodos, hier springe/sollst, kannst du springen!"

Wir sind Menschen, nicht Götter.

1–16

Der Bauer, der Junge und der Esel

Ein Bauer war mit seinem Sohn in die Stadt gewandert. Dort kauften sie auf dem Markt einen kräftigen Esel. Dann wanderten (kehrten) sie mit dem neuen Esel nach Hause zurück. Auf dem Weg saß weder der Vater noch der Sohn auf dem Esel, sondern [beide] gingen hinter dem Esel her.
Plötzlich näherten sich (begegneten) ihnen drei junge Mädchen. Die lachten und fragten den Bauern und seinen Sohn: „Seid ihr [denn] dumm? Warum lauft ihr hinter eurem (dem) Esel her? Warum sitzt [denn] keiner von euch (niemand) auf dem Esel?" Die Worte der Mädchen gefielen dem Bauern und kurz darauf (nach kurzer Zeit) saß der Vater auf dem Rücken des Esels. Der Sohn aber lief hinter dem Esel her.
Aber bald sprachen drei Frauen den Bauern an: „Du bist ein harter Vater! Obwohl du doch ein kräftiger Mann bist, sitzt du auf dem Esel und der kleine Junge muss hinter dem Esel [hinterher] eilen (rennen)." Durch die Worte der Frauen beeindruckt, stieg der Bauer sofort vom Esel herunter und setzte seinen Sohn auf den Rücken des Esels. Dann lief der Vater hinter dem Esel her.
Doch bald kamen drei Männer [daher] und riefen: „Seht euch das an! Der faule Junge/Bengel sitzt auf dem Esel und der arme Vater läuft hinter dem Tier her! Warum sitzt nicht der Vater auf dem Esel?" Durch die Worte der Männer beeindruckt, stieg der Vater wieder auf den Esel. [Und] Nun trug der Esel sowohl den Mann als auch den Jungen.

Schon näherten sie sich ihrem Landgut. Dort sah ein Nachbar des Bauern den Mann und seinen Sohn mit dem Esel und von Mitleid bewegt rief er: „Seht mal, das arme Tier! Ihr seid Unmenschen (Barbaren). Tiere zu quälen, ist menschenunwürdig (unmenschlich). Wie ihr heute das Tier quält, so werden euch einst die Götter bestrafen. In der Tat, es ist besser, dass ihr den Esel tragt, als dass ein so kleines Tier so schwere Menschen trägt!“ Von den Worten des Nachbarn beeindruckt, stiegen der Bauer und sein Sohn schnell vom Esel herunter und trugen – tatsächlich! – den Esel nach Hause.
Dort hatte die Frau des Bauern schon lange auf ihren Mann und ihren Sohn gewartet. Nun endlich betreten der Bauer und der Junge mit dem Esel den Hof. Aber die Frau lacht sie heftig aus: „Seid ihr Esel? O wie dumm ihr seid! Ihr [selbst] tragt den Esel! Muss/Sollte nicht dieser [eher] die Menschen tragen?“ – Was lehrt die Geschichte/Fabel?

1–20
Berühmt sein ist nicht alles...

Ein berühmter Dichter bin ich nicht, dennoch aus der Schar der Dichter.
Aus der Schar der Dichter bist du nicht; doch [dafür] bist du berühmt!

Echte Freundschaft

Ich werde keinem ein Feind sein, aber auch nicht zweimal Freund einem Freund:
Denn wem ich einmal [Freund bin], werd' immer ich Freund sein.

Der lästige Frager

Wenig antworte ich dir immer, obwohl du vieles fragst:
Nicht weil du vieles fragst, sondern weil du Dummes fragst.

An einen Geizhals

Als Einziger hat einer, was er als Geiziger hat; nichts schenkt er einem Freund,
nichts gibt er sich selbst. Als Einziger hat er nicht das, was er hat.

Was sagen die anderen über mich?

Es gibt gewisse Leute, die sagen, ich sei kein Dichter.
Und sie sagen die Wahrheit. Warum? Weil ich die Wahrheit sage!

„Philosophie“

Sein und Haben ist ein Gut. Das hat irgendein Grieche gesagt.
Irgendein Deutscher hat hinzugefügt: [auch] das Trinken.

Reine Willenssache!

Was ich will, kann ich nicht. Was ich kann, will ich andererseits nicht:
Das ganze Leben des Menschen ist nichts anderes als „ich will nicht, ich will...“

1–24
Die „Heimkehr“ des Äneas

Wir haben gehört/vernommen, dass die Stadt Rom von Romulus gegründet worden ist.
Aber hier (in Bezug auf diese Sache) hatten schon die alten Römer Zweifel/dessen waren sich... nicht ganz sicher. Denn sie wussten nichts Genaues. Die einen erzählten, dass die Stadt von Äneas gegründet worden sei, andere sagten, [sie sei] von Romulus [gegründet worden]. Viele Schriftsteller bemühten sich, die Ursprünge Roms zu erforschen (kennen zu lernen), und bei diesen Bemühungen/Studien dachten sie sich frei Geschichten aus:
Sie überliefern, Äneas sei einst aus der Stadt Troia geflohen, durch viele Länder und über viele Meere (umher-)geirrt und zunächst nach Afrika, dann nach Italien gekommen. Vergil aber, vielleicht der größte Dichter der Römer, erzählt, dass die Könige von Troia von Dardanus abstammten (ihren Ursprung von D. gehabt haben). Dieser war der Sohn Jupiters und einer sterblichen Frau, und er war vor vielen Jahrhunderten, wie Vergil erzählt, aus Italien nach (Klein-)Asien gekommen und hatte dort die Tochter des ersten Königs von Troia geheiratet. Deshalb wurde Dardanus als Vater des ganzen troianischen Volkes bezeichnet und die Troianer wurden „Dardaner“ genannt. Insofern (Daher) kehrte Äneas, als er nach Italien kam, gewissermaßen/sozusagen in die ehemalige (alte) Heimat des Vaters der Troianer zurück. So führten die Römer ihren Ursprung/ihre Herkunft nicht nur auf Asien, sondern auch auf Europa zurück (leiteten die R.... aus Asien her,...).
Von Äneas wurde [die Stadt] Lavinium gegründet. Viele Jahre später gründete sein Sohn Julus Alba Longa. Dort wurden nach langer Zeit Romulus und Remus geboren. Deren/Ihre Mutter war Rea Silvia, die Tochter des Numitor, des Königs von Alba Longa. Nach vielen Jahrhunderten sagte Gajus Julius Cäsar, ein Mann von größter Klugheit/ein überaus kluger Mann, der Name seiner Familie (seines Geschlechts) habe seinen Ursprung in Julus, dem Sohn des Äneas. Aber diese Dinge weiß niemand [ganz] genau.
Dies allerdings wissen wir sicher: Rom wurde nicht an einem Tag erbaut (gegründet).

1–28
Hannibals Ende

Nachdem Hannibal von den Römern bei Zama besiegt worden war, flüchtete er nach Hadrumetum und bereitete dort eine neue Schlacht vor. Aber inzwischen schlossen die Karthager mit den Römern Frieden. Doch [schon] wenig später wird Hannibal von seinen Mitbürgern zurückberufen, und ihm wird noch einmal (wiederum) der Oberbefehl über das Heer übertragen (anvertraut); ja, die Bürger machen ihn sogar zum König!
Dies (Diese Tatsache) gefiel den Römern [gar] nicht. Aus diesem Grund schickten sie Gesandte nach Karthago.
Als Hannibal aber diese (jene) aus der Ferne sah, dachte er bei sich: „Weshalb kommen diese (jene) Leute? Was haben sie vor (im Sinn)? Bestimmt werden sie verlangen, dass ich den Feinden ausgeliefert werde. Aber warum zögere ich [noch]? Eine Gefahr wird niemals ohne Wagnis (Gefahr) überwunden!“
Und so/Daher bestieg er heimlich ein Schiff und flüchtete nach Syrien zu König Antiochus.
Aber nach vielen Abenteuern (nach Überwindung vieler Gefahren) wollte Hannibal [doch wieder] in seine Heimat zurückkehren und die Königsherrschaft wiedergewinnen. Aber die Mitbürger wollten ihn bestrafen. Daher flüchtete er (jener) zu König Prusias nach Pontus [in Kleinasien] und rüstete [zusammen] mit diesem zum Kriege gegen die Römer (bereitete... einen Krieg... vor). Er bemühte sich, auch andere Könige zum Krieg aufzuwiegeln, doch er konnte sie nicht [dazu] überreden.
Die Römer aber schickten, nachdem sie erfahren hatten, dass er (jener) bei Prusias war/sich bei P. aufhielt, Gesandte zum König und forderten, dass er ausgeliefert werde/ihn auszuliefern.
Doch der König antwortete: „Hannibal ist mein Gast; deshalb werde ich ihn euch nicht ausliefern. Ihr könnt ihn jedoch (werdet ihn trotzdem) leicht finden.“ Und tatsächlich fanden ihn die Römer schnell in einem Kastell, das nicht weit entfernt lag. Als aber Hannibal die Menge der Bewaffneten vor dem Kastell erblickte, erkannte er sofort, dass dies Soldaten waren und dass das Ende seines Lebens gekommen (da) war.
Da dachte er bei sich: „Ich werde/will niemals in die Hände [meiner] Gegner fallen. Ich werde mich ihnen entziehen (entreißen). Ein Mann von großer Gesinnung lässt sich niemals den Feinden ausliefern (wird niemals... ausgeliefert werden). Mein Leben wird mit Würde enden (beendet werden).“ Dann nahm er das Gift [ein], das er stets bei sich zu haben pflegte.
So schied dieser (jener) mutige Mann ohne (unter Nichtbeachtung seiner) Furcht vor dem Tode im 70. Lebensjahr fern seiner Heimat aus dem Leben.

1–32

Der Mann in der Tonne

Zur Zeit des Königs Alexanders des Großen lebte in der Stadt Korinth ein einzigartiger Mensch, der Diogenes hieß. Sein Ruf war so bedeutend (so groß), dass sogar König Alexander von ihm hörte. Diogenes wohnte nämlich nicht in einem Haus, sondern in einem Fass, das er auf den Marktplatz gerollt hatte (das auf dem M. aufgestellt worden war), und er verzichtete auf fast alle (enthielt sich fast aller) Dinge, die die übrigen Menschen entweder besaßen oder haben wollten (begehrten). So lachten (verspotteten) ihn viele Bürger aus und nannten ihn einen Hund. [Einige] wenige jedoch bewunderten ihn sehr (versahen ihn mit großer Bewunderung), weil er niemanden fürchtete und auch keine Rücksicht auf die Autorität oder Würde irgendeines Menschen nahm (die Autorität… nicht respektierte).
Einst wollte [auch] König Alexander Diogenes kennen lernen. Deshalb schickte er Gesandte [zu ihm], um ihn herbeiholen zu lassen. Aber er (jener) lehnte (verweigerte) die Reise ab. Er sagte: „Ich will den König nicht sehen. Wenn er mich jedoch kennen lernen will, [dann] ist es notwendig, dass er hierher kommt/muss er hierher kommen." Alexander [war] zunächst zornig/wütend, dann aber beschloss er voller Bewunderung (von Bewunderung geleitet/veranlasst), nach Korinth zu reisen (gehen).
Als er die Stadt betrat, kam eine ungeheure Menge von Menschen zusammen. Der König, der von vielen Begleitern und Wächtern umgeben war, ging sogleich auf den Marktplatz, wo Diogenes in [seinem] Fass lag. Da trat der König allein an ihn heran und sagte: „Guten Tag/Sei gegrüßt, Diogenes! Wie geht es dir?" Jener antwortete: „Mir geht es gut. Was willst du?" Der König aber [entgegnete]: „Ich habe schon viel von dir gehört. Deshalb möchte/will ich dich kennen lernen."
Nachdem sie über viele Dinge diskutiert hatten, sagte Alexander: „Bevor ich (weg)gehe, sag mir, was du von mir haben willst (verlangst); denn ich werde dir alles geben, was du begehrst." Aber Diogenes schaute den König kaum an und sagte sofort: „Ich wünsche mir (erbitte) von dir/bitte dich, dass du ein wenig zurücktrittst." Alexander verstand nicht [recht] und fragte noch einmal: „Was verlangst du von mir, Diogenes?" Da [sagte] jener: „Tritt ein wenig zurück! Denn du stehst mir in der Sonne (hältst die Sonne von mir fern)."
Die Begleiter des Königs, die über diese Frechheit empört waren (durch diese F. erregt worden waren), liefen herbei und riefen: „Hüte dich, den König zu beleidigen, du Hund! Wenn er es wollte, könnte er dich töten lassen/mit dem Tode bestrafen (versehen)." Darauf erwiderte Diogenes: „Den Tod fürchte ich nicht, er ist nämlich ein Geschenk der Natur."
Als die Wächter Diogenes packten und ihm befahlen, sich vor dem König [aufrecht] hinzustellen, sagte Alexander: „Hört auf, diesen Menschen zu stören, Männer/Leute! Er ist ein Mann von wahrer Humanität (Menschlichkeit). Er fürchtet niemanden, er gehorcht niemandem außer der Natur. Es ist Zeit zu gehen." Und während er fortging, sagte er zu seinen Begleitern: „Wenn ich nicht Alexander wäre, wollte ich Diogenes sein."

1–36

Welcher Besitz ist wertvoll?

Der Philosoph Aristipp wurde nach Ausbruch eines Unwetters mit seinen Gefährten an die Küste der Insel Rhodos wegen Schiffbruchs/, weil das Schiff zerstört worden war, verschlagen. Als er dort auf den Boden gezeichnete geometrische Figuren bemerkte (bemerkt hatte), soll er ausgerufen haben: „Wir können guter Hoffnung sein! Denn ich sehe die Spuren von Menschen." Und zugleich eilte er, während ihm alle folgten, in die Stadt Rhodos und begab sich geradewegs zum Gymnasium (zur Sportschule). Dort angekommen (Als er dorthin angekommen war), sprach er viel über Philosophie, wobei ihm die Einwohner von Rhodos mit größter Bewunderung zuhörten. Nach dem Ende seiner Rede (Als er seine Rede beendet hatte,) wurde er von ihnen mit so großen Geschenken überhäuft (beschenkt), dass er auch seinen Gefährten Kleidung und alles andere, was zum Leben nötig war, bieten konnte. Als sich aber die Gefährten, nachdem sie unter seiner Führung aus der Not gerettet worden waren, in ihre Heimat zurückbegeben wollten und ihn fragten, was sie als Botschaft mit nach Hause bringen sollten, sagte er, sie sollten verkünden (hieß er sie sagen): „Solche Güter soll man den Kindern als Besitz verschaffen, die auch bei (aus) einem Schiffbruch gerettet werden können. Das allein nämlich bietet dem Leben einen echten Schutz, dem weder durch den Wandel des Schicksals noch durch den Umsturz des Staates noch durch im Krieg erlittene Niederlagen (weder wenn sich das Schicksal gewandelt hat noch wenn der Staat umgestürzt worden ist noch wenn Niederlagen im Krieg erlitten worden sind) geschadet werden kann."

Diogenes' Handwerk

Diogenes, jener berühmte Philosoph, wurde, als er einmal mit dem Schiff nach Ägina fuhr, von Piraten aufgegriffen und in die Sklaverei verschleppt. Als ihn einer der Bürger in Korinth kaufen wollte und ihn fragte, auf welches Handwerk (welche Kunst) er sich verstehe, sagte Diogenes: „Ich verstehe mich darauf, über freie Menschen zu herrschen." Nach einer solchen Antwort (Nachdem er eine solche Antwort gegeben hatte,) wurde er von jenem Mann so sehr bewundert, dass er ihn kaufte und sofort freiließ. Danach (Nachdem er dies getan hatte,) übergab er ihm seine Söhne. „Nimm meine Kinder", sagte er, „um über sie zu herrschen!" Deshalb, so berichtet man, hat Diogenes auf Veranlassung dieses klugen Vaters einen großen Teil seines Lebens in Korinth verbracht.

1–40

1 Liebende führen wie Bienen ein honigsüßes Leben.
Von zweiter Hand hinzugefügt: Denkste!

2 Der Thraker Marcus Attilius hat gewonnen. Hilarus aus der Nero-Gladiatorentruppe: 14 Kämpfe, 13 Siege, begnadigt.

3 Labyrinth. Hier wohnt Minotaurus.

5 Ich bewundere dich, Wand, dass du noch nicht in Trümmer gefallen bist, wo du doch das ekelhafte Zeug so vieler Schreiber aushalten musst!

6 Wir haben in dein Bett gepinkelt, okay, das war nicht ganz in Ordnung, Wirt. Wenn du fragst: Warum? Es war kein Nachttopf da!

Übersetzung der Inschrift an der Außenwand der Kirche S. Eustachio:
Im Jahre des Heils 1495
ist der Tiber bei heiterem
Wetter bis zu diesem ————
Zeichen hin angeschwollen (gewachsen), an den Nonen
des Dezember, im 3. (Amts-)Jahr (Papst) Alexanders
VI., des Pontifex Maximus

Übersetzung der Inschrift des Obelisken auf dem Quirinalshügel:
Sei gegrüßt,
bester Herrscher,
sei gegrüßt,
Vater des römischen Volkes,
und lebe durch unsere Segenswünsche,
lebe für deine Stadt,
lebe
für den christlichen Erdkreis,
dem dich Gott
als größten Lenker
gegeben hat.

Übersetzung der Inschrift des Petersplatzobelisken:
Christus siegt,
Christus herrscht,
Christus befiehlt,
Christus möge gegen alles Übel
sein Volk
verteidigen!

Übersetzung der Inschrift auf dem Obelisken der „Sonnenuhr" des Augustus:
Imperator, Cäsar, Sohn des Göttlichen (Cäsar)
Augustus
Pontifex Maximus (~ oberster Priester)
12-mal Imperator, 11-mal Konsul, 14-mal Inhaber der tribunizischen Macht (Volkstribun)
hat, nachdem Ägypten in die Gewalt
des römischen Volkes gebracht war,
dem Sonnengott [diesen Obelisken] zum Geschenk gemacht.

1–45
Wer ist denn „mein Nächster"?

„Ein (bestimmter) Mann (Mensch) ging von Jerusalem herab nach Jericho und fiel unter die Räuber, die ihn ausraubten, ihm harte Schläge versetzten und fortgingen, wobei sie ihn halb tot liegen ließen. Da geschah es aber, dass ein (bestimmter) Priester auf demselben Weg herabkam, und er ging, als er ihn gesehen hatte, vorüber. In ähnlicher Weise marschierte ein Levit, als er nahe an den Ort kam und ihn sah, vorbei. Ein (bestimmter) Mann aus Samaria jedoch, der des Weges kam, näherte sich ihm und wurde, als er ihn sah, von Mitleid ergriffen, er trat nahe an ihn heran, verband ihm die Wunden, wobei er Öl und Wein in sie hineingoss; und, indem er jenen auf sein Lasttier legte, brachte er ihn in ein Wirtshaus und kümmerte sich um ihn. Und am anderen Tag holte er zwei Denare hervor, gab sie dem Gastwirt und sagte: ‚Kümmere dich um jenen, und, was immer du für ihn zusätzlich ausgibst, werde ich dir auf dem Rückweg (, sobald ich zurückkehre) erstatten.'
Wer von diesen dreien scheint dir der Nächste für jenen gewesen zu sein, der unter die Räuber gefallen ist?"
Doch jener sagte: „Der Mitleid gegenüber jenem zeigte." Und Jesus sagte zu ihm: „Geh und handle (du) ähnlich!"

1–50
Trink-Fest

Ihr, die ihr trinken nicht könnt,
geht weit weg von diesen Festen,
kein Platz ist hier für Mäßige.
Unter Fröhlichen ist plump die Art
des Mäßigseins
und sicher der Zeuge eigenen
Faulseins.

Traum-Frau

I.
Ich bin nachts wach und suche dich mit meinen Augen, (und) mit meinem Geist,
wenn meine Glieder besiegt auf dem einsamen Bett liegen.
Ich habe mich mit dir zusammen gesehen – unter dem Trugbild (falschen Bild) des Traumes.
Du wirst meine Träume noch übertreffen (besiegen), wenn du tatsächlich zu mir kommst.

II.
Oh schmeichlerische und unruhige
und mit einem gewissen Wink vielsagende Augen!
Dort sitzen Venus und die leichtsinnigen Liebesgötter
und mittendrin das Vergnügen selbst.

Rom – die ewige Stadt?

Tausend Jahre lag ich eingesperrt unter diesem Grabhügel;
jetzt will ich, vom Grabhügel befreit, dies den Römern sagen:
Ich sehe nicht die alten Quiriten nach römischer Art,
nicht Männer, die für ihre Gerechtigkeit oder für ihre Frömmigkeit berühmt sind.
Vielmehr erblicke ich mit traurigem Sinn nur große Ruinen,
nun Denkmäler alter Männer.
Wenn du von mir nach hundert Jahren wieder gesehen werden wirst,
glaube ich, wird kaum mehr der Name Rom (römische Name) übrig sein.

Grammatikübungen

Lektion 1

① 1. Ubi Quintus exspectat? 2. Non placet tacere. 3. Asinus non cessat clamare. 4. Cur canis sub sole iacet? 5. Amica venire cessat. 6. Exspectare non placet.
② *z. B.* Amica subito venit. Quintus non iam exspectat. Canis tacet. Sol ardet. Silentium est. Canis non venit.
③ Asinus placet/tacet/iacet/exspectat.
④ Cur Quintus stat et clamat? Etiam asinus clamat. Non iam placet exspectare. Ubi est Flavia? Subito amica venit. Übrig bleibt: *ecce*; Lösungswort: *canis*.

Lektion 1–2

⑤ 1. Equi appropinquant. 2. Villae placent. 3. Servi veniunt. 4. Ubi dona sunt? 5. Amici gaudent. 6. Servae venire properant. 7. Amicae non iam procul sunt. 8. Matronae gaudent.
⑥ 1. Marcus und Aulus freuen sich. 2. Die Freundin erscheint nicht. 3. Die Sklaven nähern sich. 4. Flavia und ihre Familie kommen. 5. Der Sklave und die Sklavin grüßen. 6. Wo sind die Geschenke? 7. Hund und Esel schweigen. 8. Warum lachen die Sklavinnen?
⑦ sed – procul – ibi – etiam – certe – non
Weiteres kleines Wort: *subito*
⑧ Amici veniunt/appropinquant. Dona placent. Ibi Marcus et Aulus sunt. Asini clamant/tacent. Servi tacent/clamant. Equi appropinquant/veniunt.

Lektion 1–3

⑨ a insulam/insulas – periculum/pericula – servum/servos – matronam/matronas – donum/dona
b equum – asinum – amicam – familiam – nuntium
⑩ iubes: du befiehlst (iubere) – ridemus: wir lachen (ridere) – venit: er kommt (venire) – properatis: ihr beeilt euch (properare) – sunt: sie sind (esse) – audiunt: sie hören (audire) – vocas: du rufst (vocare) – paramus: wir bereiten zu (parare) – debet: er soll (debere) – pareo: ich gehorche (parere) – es: du bist (esse) – respondent: sie antworten (respondere) – tacetis: ihr schweigt (tacere)
⑪ 1. S P / O 2. P / O 3. S P / O 4. P / O
⑫ 1. Canis valde latrat. 2. Equus non iam paret. 3. Nam timet. 4. Eques statim equum iubet. 5. Sed cuncti timent periculum.

Lektion 1–4

⑬ amicorum – hominum; servum – ardorem; populi – senatoris/senatores; amicum – solem; nuntiorum – imperatorum; equos – consules
⑭ regina dearum – furor hominum – amor avi – dea amoris – ardor spectaculorum – equus nuntii – signa deorum – verbum imperatoris – dona amicorum – periculum furoris
⑮ 1. Schau, da ist Venus, die Göttin der Liebe! 2. Welche Begeisterung der Menschen! 3. Auch Quintus und Flavia sehen das Bild der Göttin. 4. Sie sitzen [da] und hören kaum das Toben des Volkes. 5. Warum gefällt [ihnen] das Schauspiel der Pferde nicht?
⑯ Homines imperatorem salutant. Tum verba imperatoris audiunt et simulacra deorum atque dearum vident. Subito imperator signum spectaculi dat. Quis furorem hominum timet?

Lektion 1–5

① a ludunt, gaudet, intrant, audiunt, legit, sunt, venit, accurrit, cogitant
b ludere, gaudere, intrare, audire, legere, esse, venire, accurrere, cogitare
② a dormis: 2. P. Sg.; servis: Dat. Pl.; furoris: Gen. Sg.; canis: Gen. Sg.; solis: Gen. Sg.; dicis: 2. P. Sg.; deis: Dat. Pl.; invadis: 2. P. Sg.; signis: Dat. Pl.; avis: Dat. Pl.; consulis: Gen. Sg.; equis: Dat. Pl.; ludis: 2. P. Sg.; estis: 2. P. Pl.
b *Substantive:* servus/serva – furor – canis – sol – deus/dea – signum – avus – consul – equus
Verben: dormire – dicere – invadere – ludere – esse
③ soli: der Sonne – hominibus: den Menschen – lacrimae: der Träne – noctibus: den Nächten – epistulis: den Briefen – signis: den Zeichen – periculis: den Gefahren – equo: dem Pferd – nuntiis: den Boten
④ 1. Quintus liest Flavias Brief. 2. Der Brief gefällt Quintus sehr. 3. Briefe gefallen den Menschen nicht immer. 4. Doch Quintus sagt: „Während ich den Brief lese, ist Flavia nicht fern von mir. 5. Die Freunde spielen und betrachten Schauspiele. 6. Doch ich denke an die Gefahren der Freundin."

Lektion 1–6

⑤ 1. Sumite arma! 2. Pugnate tandem! 3. Defendite navem! 4. Superate piratas! 5. Date auxilium!
1. Ergreift die Waffen! 2. Kämpft endlich! 3. Verteidigt das Schiff! 4. Besiegt die Piraten! 5. Leistet Hilfe!
⑥ *Imperative:* gaude: freue dich – audi: höre – da: gib – este: seid – lege: lies – veni: komm – es: sei – pugna: kämpfe – sume: nimm
andere Formen: amice: Vok. Sg. zu *amicus* (Freund) – furi: Dat. Sg. zu *fur* (Dieb) – nauta: Nom. Sg. zu *nauta* (Seemann) – soli: Dat. Sg. zu *sol* (Sonne) – ante: Präp. (vor) – patres: Nom./Akk. Pl. zu *pater* (Vater) – equite: Abl. Sg. zu *eques* (Reiter) – ecce: Ausrufewort (schau!) – dare: Inf. (geben) – certe: Adv. (sicher) – dona: Nom/Akk. Pl. zu *donum* (Geschenk)
⑦ 1. Homines laeti sunt. 2. Matronam maestam saluto. 3. Multa spectacula spectamus. 4. Ventos secundos exspectant. 5. Senatores novi intrant. 6. Homines magno oratori plaudunt. 7. Quid solis iudicibus non placet?
⑧ 1. Ein großes Schiff nähert sich. 2. Die Leute hören ungewöhnliches (neues) Geschrei. 3. Plötzlich erscheinen viele Piraten. 4. Das Toben der Waffen ist groß. 5. Die Matrosen verteidigen das Schiff. 6. Aber sie kämpfen vergeblich. 7. Die Piraten besiegen die Römer.

Lektion 1–7

⑨ **sine** auxilio/amicis/asino/aqua/servis/consulibus/iudice: ohne Hilfe/Freunde/Esel/Wasser/Diener/Konsuln/Richter
cum amicis/asino/servis/consulibus/iudice: mit Freunden/dem Esel/Dienern/den Konsuln/dem Richter
e(x) aqua/Creta: aus dem Wasser/aus Kreta
in asino/aqua/Creta: auf dem Esel/im Wasser/in Kreta
⑩ *Keine Ablative:*
clamo: 1. P. Sg. zu *clamare* – mentis: Gen. Sg. zu *mens* – sine: Präp. (ohne) – matri: Dat. Sg. zu *mater* – supera: Imp. Sg. zu *superare* – audis: 2. P. Sg. zu *audire* – lude: Imp. Sg. zu *ludere* – dicis: 2. P. Sg. zu *dicere* – noctis: Gen. Sg. zu *nox* – ama: Imp. Sg. zu *amare* – primo: Adv. (anfangs) – nonne: Fragesignal (… nicht?)
Nominativ zu Ablativformen:
vento: ventus – medicis: medici – sole: sol – voluptate: voluptas – terra: terra – nauta: nauta – armis: arma – furibus: fures – servis: servae/servi – foro: forum
⑪ Quintus fragt den Arzt:
1. Ist der Senator tot? (ja/nein) 2. Ist der Senator nicht tot? (ja) 3. Der Senator ist doch nicht etwa tot? (nein)
⑫ 3. Lucius et Quintus in foro ambulant. 2. Tum sedent ante basilicam. 7. Subito Lucius sine mente iacet. 6. Statim multi auxilium dare non cessant. 1. Sed unus medicum vocat. 4. Tandem medicus venit, spectat, dicit: 5. „Lucius dormit."

Lektion 1–8

⑬ *Ablative:* über die Stille froh sein – in der ganzen Provinz – ohne Gefahren sein – andere an Weisheit übertreffen – unter Tränen zuhören – sich am Schauspiel erfreuen – auf Kreta – ohne Fehler sein – mit Vergnügen spazieren gehen – schweigend (da)liegen – im Morgengrauen
⑭ 1. Ich spreche als Erster unter Gleichen. (Praedicativum) 2. Wer ist der Erste unter den Menschen? (Prädikatsnomen) 3. Der Vater ist Prätor. (Prädikatsnomen) 4. Der Vater verwaltet als Prätor Kreta. (Praedicativum) 5. Als Einziger von allen schweige ich. (Praedicativum) 6. Ich bin allein. (Prädikatsnomen)
⑮ spectaculum: Schauspiel – sapientia: Weisheit – voluptas: Vergnügen – nuntius: Botschaft, Bote – servitus: Knechtschaft – ardor: Hitze – iudex: Richter
⑯ 1. Schon am frühen Morgen (beim ersten Licht) sind wir in den Thermen. 2. Die Sonne brennt [heiß]; deshalb bleiben wir lange im Wasser. 3. Dort spielen wir nicht schweigend (in Stille), sondern feuern uns mit lauter (großer) Stimme an. 4. Alle freuen sich an dem Spektakel. 5. Doch die Thermen sind nicht ungefährlich (frei von Gefahren).

Lektion 1–9

① 1. Flavia **pulchra** est. 2. Flaviae non placet verba **aspera** audire. 3. Non cuncti servi **miseri** sunt. 4. Gallae fortuna **misera** non est. 5. Pugnae gladiatorum **asperae** sunt. 6. Columbus primo **sinistra** pugnat, tum **dextra** Pulchrum petit. 7. Puellis spectaculum equorum **pulchrorum** magis placet.
② 1. Gladiatores vitam **miseram** agunt. (Attribut)
2. Gladiator **miser** in arena iacet. (Attribut *oder* Praedicativum)
3. Gladiatores **miseri** sunt. (Prädikatsnomen)
4. **Laetine** gladiatores arenam intrant? (Praedicativum)
5. Maronilla **maesta** pugnas gladiatorum spectat. (Praedicativum)
6. Columbus vir **robustus** est. (Attribut)
7. Fortuna gladiatorum **dura** est. (Prädikatsnomen)
8. Quis hodie **primus** pugnat? (Praedicativum)
③ *forum* passt nicht zu den Substantiven im Gen. Pl., da Nom./Akk. Sg.
④ 1. Der Philosoph steht traurig im Amphitheater. 2. Er liebt die Kämpfe der starken Männer nicht. 3. Er denkt bei sich: Die Menschen sind nicht zu einem so harten Leben geboren. 4. Warum gefallen Jungen so harte Schaukämpfe? 5. Warum freuen sie sich nicht über die schöne Weisheit? 6. Mir schaudert vor jenem Ausruf: „Heil dir, Cäsar, die Todgeweihten grüßen dich!"

Lektion 1–10

⑤ erra**bam**: ich irrte herum – sta**bam**: ich stand – para**bam**: ich bereitete – da**bam**: ich gab – sole**bam**: ich war gewohnt – pare**bam**: ich gehorchte – dice**bam**: ich sagte – lude**bam**: ich spielte – veni**ebam**: ich kam – dormie**bam**: ich schlief – audie**bam**: ich hörte
⑥ 1. Die Männer der Germanen waren stark und frei. 2. Sie gehorchten Königen und verteidigten [ihre] Gebiete immer gut. 3. In den Schlachten kämpften sie mit großer Begeisterung. 4. Deshalb fürchteten andere Völker die Germanen sehr. 5. Waren sie ohne Menschlichkeit? 6. Wir lesen: Gästen boten (gaben) sie immer Hilfe.
⑦ gaudebat – audiebat – laborabat – ludebat – incitabat; Lösungswort: *Galli*
⑧ ihr nähertet euch (appropinquare); wir kamen zusammen (convenire); du eiltest (properare); ich hörte (audire); ihr spieltet (ludere); ich schwieg (tacere); sie lachten (ridere); er handelte (agere); ihr wart (esse)

Lektion 1–11

⑨ a ich habe betrachtet/betrachtete (specto); du hast verlangt/verlangtest (peto); er, sie, es hat verändert/veränderte (muto); er, sie, es hat geschlafen/schlief (dormio); sie haben gesucht/suchten (quaero); ihr habt gehört/hörtet (audio); du hast geliebt/liebtest (amo)
b du hast gesagt/sagtest (dico); ich habe befohlen/befahl (iubeo); sie sind gewesen/waren (sum); er, sie, es ist eingedrungen/drang ein (invado); er, sie, es ist erschienen/erschien (appareo); sie haben ausgestellt/stellten aus (expono); ihr habt gelebt/lebtet (vivo); ich habe geschaudert/schauderte (horreo); ihr habt Beifall geklatscht/klatschtet Beifall (plaudo)

⑩ a peti**verunt**; dormi**vi**; despera**vimus**; quaesi**vistis**
b impos**uerunt**; inva**si**; paru**isti**; fu**it**; plau**serunt**; tra**xistis**

⑪ 1. Alle saßen im Circus, als plötzlich der Kaiser einzog. (Impf.: andauernder Vorgang; Perf.: sich einmalig ereignender Vorgang) 2. Die Pferde standen in der Arena. Die Wagenlenker feuerten die Pferde an: Sogleich schrie das Volk. (Impf.: etwas länger andauernder Vorgang; Perf.: sich einmalig ereignender Vorgang) 3. Alle Wagenlenker kämpften mit großer Begeisterung, doch nur einer ist der Erste gewesen und hat die anderen besiegt. (Impf.: länger andauernder Vorgang; Perf.: Feststellung des Ergebnisses) 4. Das Volk stand da und schrie; dann klatschten auch Quintus und Flavia Beifall. (Impf.: länger andauernder Vorgang; Perf.: einmaliger, kurzer Vorgang)

⑫ 1. „Die Veranstaltung im Circus war schön. 2. Alle betrachteten mit großer Begeisterung den Kampf der Pferde. 3. Doch nicht alle sind froh aus dem Circus weggegangen, weil ihre Quadriga nicht die erste war. 4. Das Glück war, wie immer, nicht allen günstig."

Lektion 1–12

⑬ du hast berührt/berührtest: tangebas – sie sind zusammengelaufen/liefen zusammen: concurrebant – wir sind hinabgestiegen/stiegen hinab: descendebamus – ihr habt gegeben/gabt: dabatis – sie haben gelesen/lasen: legebant – ich bin gestanden/stand: stabam – wir haben gehalten/hielten: tenebamus – wir haben beschlossen/beschlossen: statuebamus – sie haben gesehen/sahen: videbant – ihr habt verwandelt/verwandeltet: vertebatis – wir haben gehorcht/gehorchten: parebamus

⑭ vertimus: wir wenden/haben gewendet – statuit: er beschließt/hat beschlossen – descendimus: wir steigen herab/sind herabgestiegen – accurit: er läuft hinzu/ist hinzugelaufen – legimus: wir lesen/haben gelesen – defendit: er verteidigt/hat verteidigt

⑮ pugnavi – iussi – addidi (1. P. Sg. Perf.); Mädchenname Pia

⑯ 1. Philemon und Baucis lebten schon lange. 2. Sehr liebte der Mann die Frau und die Frau den Mann. 3. Deshalb baten sie so die Götter: „Immer sind wir fromm gegen euch gewesen, immer haben wir euch verehrt, immer sind wir zu den Tempeln der Götter gekommen. 4. Daher hört unsere Bitten: Zur selben Zeit wollen wir aus dem Leben scheiden." 5. Tatsächlich (be)rührten und bewegten sie die Herzen (den Geist) der Götter. 6. Sogleich haben die Götter die frommen Menschen in Bäume verwandelt.

Lektion 1–13

① (exponere) ich hatte erklärt – (plaudere) sie hatten applaudiert – (stare) er, sie, es war gestanden – (videre) du hattest gesehen – (tangere) wir hatten berührt – (statuere) ihr hattet beschlossen – (errare) er, sie, es hatte sich geirrt – (agere) ich hatte gehandelt – (trahere) sie hatten gezogen – (esse) du warst gewesen – (iacere) wir waren gelegen

② manebam, **mansi**, manseram   **defendebat**, defendit, defenderat   dabant, dederunt, **dederant**   **addebat**, addidit, addiderat   eram, **fui**, fueram   vertebas, vertisti, **verteras**   cognoscebat, cognovit, **cognoverat**   servabat, **servavit**, servaverat   **quaerebat**, quaesivit, quaesiverat

③ 1. „In der Nacht kamen wir elend und traurig in die Stadt. 2. Denn auf dem Meer hatten Piraten gewaltsam unser Schiff angegriffen. 3. Wir hatten uns gegen die Barbaren mit allen Kräften verteidigt, aber jene waren stark gewesen und hatten uns besiegt. 4. Die einen hatten sie getötet, andere ins Meer geworfen, wieder andere in die Sklaverei abgeführt. 5. Aber uns hat Fortuna aus der Gefahr gerettet."

④ 1. Semper vo**b**is amici esse debemus. 2. Nam n**o**s servavistis. 3. Bona mente **n**obis auxilium dedistis. 4. Gaudete nobisc**u**m, amici! 5. Humanos vo**s** putamus. Lösungswort: *bonus* (*vobiscum* bleibt übrig)

Lektion 1–14

⑤ 1. Tu in Gallia vivis. Audimus. – Wir haben gehört, dass du in Gallien lebst.
2. Cuncti valde gaudent. Apparet. – Es ist offensichtlich, dass alle sich sehr freuen.
3. Vos, tu et Galla, bene valetis. Spero. – Ich hoffe, dass ihr, du und Galla, gesund seid.
4. Certe scis. Nos cunctis viribus studemus vos servitute liberare. – Sicher weißt du, dass wir uns mit allen Kräften bemühen, euch von der Sklaverei zu befreien.

⑥ 1. Domitius et Quintus sentiunt subito equos consistere. – Domitius und Quintus merken, dass die Pferde plötzlich stehen bleiben.
2. Quintus videt Domitium in viam cadere et sine mente iacere. – Quintus sieht, dass Domitius auf die Straße fällt und ohne Bewusstsein daliegt.
3. Cuncti sciunt Quintum patrem valde curare. – Alle wissen, dass Quintus sich sehr um den Vater kümmert.
4. Cognoscunt patrem bene valere. – Sie erkennen, dass der Vater bei guter Gesundheit ist.
5. Etiam servos gaudere apparet. – Es ist offensichtlich, dass sich auch die Sklaven freuen.

⑦ 1. Ein Sklave schreit, Diebe seien im Haus. 2. Er hört, dass der Herr sofort herbeieilt (-läuft). 3. Andere Sklaven merken, während sie schnell kommen, dass die Gefahr groß ist. 4. Sie sehen nämlich, dass ein Gast wie tot am Boden liegt. 5. Der Herr befiehlt dem Arzt zu kommen. 6. Die Diebe seien unmenschliche Menschen, sagt er.

⑧ Die Übersetzung kann lauten:
a Es ist offensichtlich, dass Quintus eine gute Mahlzeit erwartet. (Quintus: Subjekt im AcI, cenam bonam: Objekt im AcI)
b Es ist offensichtlich, dass auf Quintus eine gute Mahlzeit wartet. (Quintus: Objekt im AcI, bonam cenam: Subjekt im AcI)

Lektion 1–15

⑨ brevi tempore: in kurzer Zeit – pugnas acres: heftige Kämpfe – signum felix: ein glückliches Zeichen – verbis gravibus: mit ernsten Worten – omnium hominum: aller Menschen – labor facilis: eine leichte Arbeit – imperatorem immortalem: den unsterblichen Kaiser – hospitis felicis: des glücklichen Gastes – omni familiae: der ganzen Familie – saxa gravia: schwere Felsbrocken

⑩ 1. Der Weise trägt all **das Seine** bei **sich**. (**sua**: reflex. Poss.-Pron.; **secum**: reflex. Pers.-Pron.)
2. Der Weise tut alles nach **seinem** Willen. (**sua**: reflex. Poss.-Pron.)
3. Der Weise fühlt **sich** unter seinesgleichen (unter **den Seinen**) glücklich. (**suos**: reflex. Pross.-Pron.; **se**: reflex. Pers.-Pron.)

⑪ a ich verteidige mich, du verteidigst dich, er, sie, es verteidigt sich, wir verteidigen uns, ihr verteidigt euch, sie verteidigen sich
b me specto, te spectas, se spectat, nos spectamus, vos spectatis, se spectant
ich sehe mich, du siehst dich usw.
mihi cenam paro, tibi cenam paras, sibi cenam parat, nobis cenam paramus, vobis cenam paratis, sibi cenam parant
ich bereite mir das Essen, du bereitest dir das Essen usw.
mecum cogito, tecum cogitas, secum cogitat, nobiscum cogitamus, vobiscum cogitatis, secum cogitant
ich denke bei mir, du denkst bei dir usw.

⑫ 1. Venus weiß, dass sie an (durch) Schönheit die übrigen Göttinnen übertrifft. 2. Deshalb glaubt sie, dass sie durch ihr Geschenk die Gunst des Paris gewinnt. 3. Paris aber fühlt, dass er durch sein Urteil Venus erfreut. 4. Er glaubt, dass dann Helena, die schönste aller Sterblichen, die Seine sei. 5. Die Griechen freuen sich, dass sie durch ihren Sieg Helena aus Troia in die Heimat zurückbringen.

Lektion 1–16

⑬ a Der Dichter Vergil erzählt,
1. dass Äneas über das bittere Schicksal Troias erschrocken ist.
2. dass Äneas mit den Freunden aus der Heimat nach Afrika gekommen ist.
3. dass Äneas lange bei Dido, der Königin von Karthago, geblieben ist.
4. dass Äneas damals von Afrika nach Italien gesegelt ist.
5. dass Äneas die Freunde dort gegen große Gefahren verteidigt hat.
6. dass ihnen Äneas dort schließlich eine neue Heimat gegeben hat.

b horruisse – horrere: u-Perfekt
venisse – venire: Dehnungsperfekt
mansisse – manere: s-Perfekt
navigavisse – navigare: v-Perfekt
defendisse – defendere: Perfekt ohne Veränderung
dedisse – dare: Reduplikationsperfekt

⑭ Tacitus narrat
1. … Germanos servitutem valde horruisse.
2. … Germanos magna pericula non timuisse.
3. … Germanos humanitate non caruisse.

⑮ 1. Wer weiß nicht, dass die Gallier den Römern untertan gewesen sind (gehorcht haben)? 2. Der römische Frieden hat ihnen offensichtlich gefallen. 3. Cäsar berichtet, dass er in schweren Kämpfen die Germanen besiegt hat. 4. Er schreibt auch, er habe [dabei] den Galliern Hilfe geleistet (gegeben). 5. Wir wissen aber, dass Cäsar schließlich den Galliern befohlen hat, immer Freunde der Römer zu sein.

Lektion 1–17

① *Futurformen*: dabis (du wirst geben); debebis (du wirst müssen); flebis (du wirst weinen); orabis (du wirst beten); stabis (du wirst stehen); valebis (du wirst gesund sein)
Übrige Formen: cibis: Dat./Abl. Pl. von *cibus* (den/mit den Speisen); nobis: Dat./Abl. Pl. von *nos* (uns/durch uns); scribis: 2. P. Sg. Präs. von *scribere* (du schreibst); urbis: Gen. Sg. von *urbs* (der Stadt);
Futurformen: agam (ich werde tun); mittam (ich werde schicken); tradam (ich werde überliefern); sciam (ich werde wissen); veniam (ich werde kommen); vivam (ich werde leben)
Übrige Formen: aram: Akk. Sg. von *ara* (den Altar); patriam: Akk. Sg. von *patria* (das Vaterland); piam: Akk. Sg. f von *pius, -a, -um* (die Fromme); quamquam: Subjunktion (obwohl); tam: Adverb (so); veram: Akk. Sg. f von *verus, -a, -um* (die Wahre); viam: Akk. Sg. von *via* (den Weg); villam: Akk. Sg. von *villa* (das Landhaus)

② 1.B: Ich werde laut (sehr) schreien, wenn ich sehe, dass meine Freunde Sieger sind. 2.C: Alle werden Beifall klatschen, wenn die Sieger in die Stadt kommen (werden). 3.A: Du wirst selbst Sieger sein, wenn du deine Kräfte üben (gut vorbereiten) wirst.

③ 1. Wer wird nach Rom kommen? (3. P. Sg. Fut. von *venire*) 2. Wessen Tempel werden alle betrachten? (3. P. Pl. Fut. von *spectare*) 3. Wem wird Flavia die Denkmäler des Forums erklären? (3. P. Sg. Fut. von *explanare*) 4. Wen wird die schöne Stadt nicht erfreuen? (3. P. Sg. Fut. von *delectare*) 5. Mit wem werden Flavia und Quintus durch die Stadt laufen? (3. P. Pl. Fut. von *currere*)

④

C R **Q** I M A	CUIUS	WESSEN
E **U** **U** C U **Q**	QUO	DURCH WEN
O R **I** E T **U**	QUIS	WER
B A **S** **U** L **E**	QUEM	WEN
S **C** **U** **I** **S** **M**	CUI	WEM

Lektion 1–18

⑤ canis: Nom./Gen. Sg. (der Hund/des Hundes); ducis: 2. P. Sg. Präs. von *ducere* (du führst); peris: 2. P. Sg. Präs. von *perire* (du gehst zugrunde); dabis: 2. P. Sg. Fut. von *dare* (du wirst geben); eis: Dat./Abl. Pl. von *is, ea, id* (ihnen/durch sie); ripis: Dat./Abl. Pl. von *ripa* (den Ufern/durch die Ufer); itis: 2. P. Pl. von *ire* (ihr geht)

⑥ 1. quae: Germanien, das weit entfernt von Italien liegt, ist ein raues Land. 2. quibus: Die Germanen, denen jede Bildung fehlt, führen ein freies Leben. 3. quarum: Aber die Stämme der Germanen, deren Sitten noch rein sind, verehren die Götter sehr. 4. cui: Der König der Germanen, dem viele freie Männer gehorchen, bereitet oft gegen die Gallier Kriege vor.

⑦ 1. Eine Landmaus lädt ihren Freund, der auf dem Land ein armseliges Leben führt, in ihre Villa ein, die in der Stadt liegt. 2. Bald gehen beide (sie) in die Stadt, betreten die Villa und erfreuen sich lange an guten Speisen. 3. Doch plötzlich bellt ein gewaltiger Hund laut und erschreckt sie sehr. 4. Der Gast aber ruft: „Oh ich Arme, hier werde ich umkommen!“ 5. Er denkt bei sich: „Kehre sofort in deine Heimat zurück, in der du immer glücklich leben wirst! 6. Schnell sucht er sein Heil in der Flucht.

Lektion 1–19

⑧ **v**ult**i**s, vol**e**bat, no**n** vis, vol**u**it, nole**s**. Lösungswort: VENUS
Restliche Formen: vis: du willst; noluerunt: sie haben nicht gewollt; velle: wollen; nolent: sie werden nicht wollen; voletis: ihr werdet wollen; nolebatis: ihr wolltet nicht

⑨ 1. Wenn wir zum Forum Romanum gekommen sind/kommen, werdet ihr viele schöne Tempel sehen. 2. Wenn wir beim „Altar des Friedens“ (bei der Ara Pacis) Halt gemacht haben/Halt machen, werdet ihr sicher dem Kaiser Augustus Dank sagen. 3. Wenn wir die Thermen betreten haben/betreten, wird niemand von euch ohne Vergnügen sein. 4. Wenn wir durch die ganze Stadt gelaufen sind, werde ich euch eine hervorragende Taverne zeigen.

⑩ 1.D: Minerva besitzt große Weisheit. 2.A: Venus besitzt hervorragende Schönheit. 3.B: Juno hat ein hartes Herz. 4.C: Jupiter besitzt die höchste Macht.

⑪ Du bist eine Venus. – Hier hat ein (einziges) Mädchen zwei Rivalen in ihrer Hand (Macht). – Flavia bewegt die Herzen von dreien.

Lektion 1–20

⑫ capiemus (wir werden fangen); cupe (wünsche); conspicite (erblickt); incipient (sie werden beginnen); accipio (ich nehme an)
Restliche Formen: legebat: 3. P. Sg. Impf. von *legere* (er las); audiebamus: 1. P. Pl. Impf. von *audire* (wir hörten); currite: Imp. Pl. von *currere* (lauft); caret: 3. P. Sg. Präs. von *carere* (er entbehrt); clamabis: 2. P. Sg. Fut. von *clamare* (du wirst rufen); aperio: 1. P. Sg. Präs. von *aperire* (ich öffne); caditis: 2. P. Pl. Präs. von *cadere* (ihr fallt); age: Imp. Sg. von *agere* (tu)

⑬ 1. Die Jungen und Mädchen der Römer glaubten, dass die Schule gleichsam ein Spiel sei. 2. Deshalb waren alle immer gern anwesend. 3. Denn denjenigen, die von der Schule ferngeblieben waren, wurden nicht nur viele Kenntnisse (Wissenschaften) vorenthalten (hatten … nicht), sondern sie konnten auch an vielen Vergnügungen nicht teilhaben. 4. Und sie wussten: „Nicht für die Schule, sondern für das Leben lernen wir.“ 5. Doch in den Ferien, wer von ihnen konnte sich da nicht froh (mit Freude) vom Spiel und von den Wissenschaften verabschieden (entfernt sein)?

⑭ 1. „Höre, Odysseus! Die Griechen werden Troia erobern können, wenn du ihnen mit einer List hilfst (helfen wirst). 2. Denk dir ein Geschenk aus, mit dem du die Herzen der Barbaren bewegen kannst! 3. Denn diese werden sehr danach verlangen, die Tore der Stadt zu öffnen, wenn sie dieses Geschenk erblickt haben. 4. So werden die Troianer nichts ahnend bereit sein die Griechen in ihre Stadt aufzunehmen. 5. Dann werdet ihr alle mit heißem Herzen am Kampf teilnehmen müssen. 6. Und euch wird der Sieg nicht mehr fern (weit entfernt) sein.“

Lektion 1–21

① Formen zu *res*: rem, rerum, re, rei (s. u.!), rebus
rex: Nom. Sg. m zu *rex* (König) – reis: Dat./Abl. Pl. m zu *reus* (Angeklagter) – redi: Imp. Sg. zu *redire* (zurückkehren) – reo: Dat./Abl. Sg. m zu *reus* (Angeklagter) – rei: Gen. Sg./Nom. Pl. m zu *reus* (Angeklagter) – rege: Abl. Sg. m zu *rex* (König) – *regnum*: Nom./Akk. Sg. n zu *regnum* (Reich)

② Lass mich hoffen! (Gib mir Hoffnung!) – Wir haben keine Hoffnung. – Hilfe wird erhofft. – Wider Erwarten (Gegen die Hoffnung) seid ihr nach Hause gekommen.

③ Senkrecht: spe – fide – res – rerum – spes; waagerecht: re – rebus – spem

④ 1. Die Griechen haben vor Troia eine große Sache (etwas Großes) zurückgelassen. Was war es? – Fuit magnus equus (ligneus). 2. Paris schenkte Venus eine erfreuliche Sache (etwas Erfreuliches). Was war es? – Fuit pretium formae. 3. Homer erzählt von einer gewaltigen Sache. Was ist es? – Est bellum Graecorum cum Troianis.

⑤ *vir magna vi corporis*: ein bärenstarker Mann/ein Mann von großer Körperkraft (Herkules)

Lektion 1–22

⑥ breviter (kurz) – publice (öffentlich) – clementer (milde) – vere (wahrheitsgemäß) – aspere (auf harte Weise)

⑦ 1. feliciter: Odysseus entkam glücklich von der Insel der Circe. 2. pulchre: Die Sirenen sangen schön; so verzückten (verwirrten) sie alle. 3. longe: Odysseus segelte nicht weit entfernt von Skylla und Charybdis. 4. inhumane: Polyphem tötete die Gefährten des Odysseus auf unmenschliche Weise. 5. acriter: In Ithaka kämpfte Odysseus heftig mit den Feinden. Lösungswort: TROIA

⑧ 1. Diese war von größter Treue. 2. Der Mann dieser [Frau] war lange und weit von der Heimat weg. 3. Wer von den Griechen war dieser nicht gewogen? 4. Diese kennen die Menschen auch heute [noch]. 5. Über diese erzählt Homer. Im Rahmen: PENELOPE

⑨ eis/his – ea/haec – eas/has – is/hic – eorum/horum – ea/hac – earum/harum – id/hoc – eae/hae -ei/huic. Keine Entsprechung hat *eius* „huius“.

Lektion 1–23

⑩ missus, -a, -um est (mittere): er, sie, es ist geschickt worden – apertus, -a, -um est (aperire): er, sie, es ist geöffnet worden – motus, -a, -um est (movere): er, sie, es ist bewegt worden – factus, -a, -um est (facere): er, sie, es ist gemacht worden – fusus, -a, -um est (fundere): er, sie, es ist gegossen worden – laesus, -a, -um est (laedere): er, sie, es ist verletzt worden – iussus, -a, -um est (iubere): er, sie, es ist beauftragt worden – captus, -a, -um est (capere): er, sie, es ist gefangen worden

⑪ a 4. Naves incensae sunt. (Die Schiffe sind angezündet worden.)

b 1. Equus relictus est. (Das Pferd ist zurückgelassen worden.)
c 5. Auxilium petitum est. (Hilfe ist erbeten worden.)
d 6. Urbs incensa est. (Die Stadt ist in Brand gesteckt worden.)
e 3. Filii necati sunt. (Die Söhne sind getötet worden.)
f 2. Portae apertae sunt. (Die Tore sind geöffnet worden.)

⑫ 1. Äneas ist von Sibylle in die Unterwelt geführt worden. 2. Dort ist unter den Toten Dido erblickt worden. 3. Sofort ist sie von ihm angesprochen worden. 4. Aber Äneas ist von ihr weder angeschaut noch angehört worden. 5. Deshalb ist er in seinem Herzen sehr erschüttert (verwirrt) worden.

⑬ monitus est (monere) – iussus est (iubere) – coactus est (cogere)
Von wem ist Äneas an den Willen der Götter erinnert worden, beauftragt worden, von Karthago wegzugehen, und dazu gezwungen worden, Dido zu verlassen? (MERCURIUS)

⑭ CAPTA: Nom./Abl. Sg. f oder Nom./Akk. Pl. n PPP von *capere* (fangen) – CAPITA: Nom./Akk. Pl. n von *caput* (Kopf); MOTA: Nom./Abl. Sg. f oder Nom./Akk. Pl. n PPP von *movere* (bewegen) – MONITA: Nom./Abl. Sg. f oder Nom./Akk. Pl. n PPP von *monere* (mahnen); COACTA: Nom./Abl. Sg. f oder Nom./Akk. Pl. n PPP von *cogere* (zwingen) – COGITA: Imp. Sg. von *cogitare* (denken); TERRA: Nom./Abl. Sg. f von *terra* (Erde) – TERRITA: Nom./Abl. Sg. f oder Nom./Akk. Pl. n PPP von *terrere* (erschrecken)

Lektion 1–24

⑮ Moenia a Troianis exstructa erant. (Die Mauern waren von den Troianern erbaut worden.)
Remus a fratre interfectus erat. (Remus war von seinem Bruder ermordet worden.)
Urbs a periculis defensa erat. (Die Stadt war vor Gefahren verteidigt worden.)
Socii a Circa in sues mutati erant. (Die Gefährten waren von Circe in Schweine verwandelt worden.)
Equus a Graecis aedificatus erat. (Das Pferd war von den Griechen erbaut worden.)

⑯ 1. circumdata erit: Wenn die Stadt von Mauern umgeben wird, werden wir frei von Gefahren sein. 2. datum erit: Wenn mir die Herrschaft gegeben wird, werde ich die Stadt mit allen Kräften verteidigen. 3. factus ero: Wenn ich zum König gemacht werde, werde ich das Wohl der Bürger verteidigen.

⑰ Wer kennt den Mann,
1. der einen hitzigen Bruder hatte, 2. von dem eine neue Stadt gegründet worden ist, 3. nach dessen Namen die Stadt benannt worden ist, 4. der die Stadt mit einer Mauer umgeben hat, 5. den die Götter nach seinem Tod in den Himmel geholt (emporgehoben) haben? (ROMULUS)

⑱ 1. … urbes; quae magnae erant (… Städte; diese waren groß). 2. … Troiani; quorum fugam Dido sensit. (… Troianer; deren/ihre Flucht fühlte Dido). 3. … homines; quibus fidem habemus (… Menschen; diesen/ihnen schenken wir Vertrauen). 4. … res; quas libenter fecisti (… Dinge; diese hast du gern gemacht). 5. … dona; quibus gaudetis (… Geschenke; über diese freut ihr euch).

⑲ Die gemeinsame Form lautet: *QUAE.*
1. Siehst du dort die junge Frau? Sie/Diese ist nach Rom gekommen.
2. Sie betrachtet viele Tempel. Diese sind hoch.
3. Sie geht mit Freundinnen spazieren. Diese leben in der Stadt.

Lektion 1–25

① 1. Die Stadt Troia brannte lange, nachdem sie erobert worden war. 2. Äneas verließ Dido, obwohl er von Liebe [zu ihr] ergriffen war. 3. Die Troianer machten sich auf die Flucht, da sie von den Göttern dazu gezwungen worden waren.

② Europa gab, als sie von Jupiter entführt worden war (von Jupiter entführt), unserem Kontinent ihren Namen.

③ 1. Monumentum perfectum est; id spectabimus. (Das Denkmal ist vollendet worden; wir werden es besichtigen.) 2. Labores acti sunt; eis omnes gaudent. (Die Arbeiten sind verrichtet worden; darüber [über sie] freuen sich alle.) 3. Homo periculis oppressus est. Quis ei auxilium non dat? (Ein Mensch ist in eine gefährliche Lage geraten [von Gefahren überfallen worden]. Wer leistet ihm nicht Hilfe?)

④a factum (facere): das Gemachte/Gemachtes – incitati (incitare): Angetriebene – offensus (offendere): der Beleidigte/ein Beleidigter – data (dare): die Gegebene/das Gegebene – liberati (liberare): Befreite – iuratum (iurare): Geschworenes – iussum (iubere): Befohlenes – mota (movere): die Bewegte/das Bewegte – superati (superare): Besiegte – incensus (incendere): der Angezündete/ein Angezündeter
b **li**berati – i**u**ratum – i**n**census – m**o**ta; Lösungswort: *Iuno*

Lektion 1–26

⑤

Präsens	Imperfekt	Futur I
cogeris: du wirst gezwungen appellor: ich werde angeredet fallimur: wir werden getäuscht tanguntur: sie werden berührt finimini: ihr (werdet beendet →) sterbt movetur: er, sie, es wird bewegt	ponebamur: wir wurden gelegt rapiebaris: du wurdest geraubt amabamini: ihr wurdet geliebt timebantur: sie wurden gefürchtet custodiebar: ich wurde bewacht tenebatur: er, sie, es wurde gehalten	cogeris: du wirst gezwungen werden afficieris: du wirst … versehen werden ducetur: er, sie, es wird geführt werden audiar: ich werde gehört werden capiemur: wir werden gefangen werden pellentur: sie werden vertrieben werden terrebimini: ihr werdet erschreckt werden

⑥ duci: geführt (zu) werden (auch Dat. Sg. m zu *dux*) – regi: gelenkt (zu) werden (auch Dat. Sg. m zu *rex*) – capi: gefangen (zu) werden – amari: geliebt (zu) werden – mitti: geschickt (zu) werden. *Andere Formen:* veni: 1. P. Perf. Akt./Imp. Sg. zu *venire* (ich bin gekommen/komm) – amori: Dat. Sg. m zu *amor* (der Liebe) – ibi: Adv. (dort) – capti: Gen. Sg. m/Nom. Pl. m PPP zu *capere* (des Gefangenen/die Gefangenen)

⑦ 1. Von Kroisos, dem Lyderkönig, wird das Orakel von Delphi befragt: 2. „Wer wird nach dem Krieg gegen die Perser (nach dem … geführten Krieg) Sieger genannt werden?“ 3. Von Pythia wird geantwortet: „Kroisos, wenn du den Halys überschreitest, wird ein großes Reich zerstört werden.“ 4. Kroisos überlegt bei sich: „Durch diesen Orakelspruch werde ich zum Krieg ermuntert (angetrieben).“ 5. Deshalb kämpft er mit den Persern; doch bald darauf wird er seines Reiches beraubt.

⑧ Von den Gänsen, die auf dem Kapitol gehalten (ernährt), aber nicht getötet wurden, weil sie als der Juno heilig galten/angesehen wurden, ist Rom gerettet worden.

Lektion 1–27

⑨ puerum: Akk. Sg. m zu *puer* (den Jungen) – furum: Gen. Pl. m zu *fur* (der Diebe) – marium: Gen. Pl. n zu *mare* (der Meere) – proelium: Nom./Akk. Sg. n zu *proelium* (die Schlacht) – rerum: Gen. Pl. f zu *res* (der Sachen) – mortuum: Akk. Sg. m zu *mortuus* (den Toten) – metum: Akk. Sg. m zu *metus* (die Furcht) – forum: Nom./Akk. Sg. n zu *forum* (der/den Marktplatz) – exercitum: Akk. Sg. m zu *exercitus* (das Heer) – aequum: Nom./Akk. Sg. n, Akk. Sg. m zu *aequus* (das Angemessene, den Gleichen) – impetum: Akk. Sg. m zu *impetus* (den Angriff) – exercituum: Gen. Pl. m zu *exercitus* (der Heere) – equum: Akk. Sg. zu *equus* (das Pferd).
Nicht dazu passende Formen: iterum: Adv. (wiederum) – nondum: Adv. (noch nicht) – tum: Adv. (da/dann/damals)

⑩ Das Heer der Römer hatte dem Angriff der Gallier an der Allia nicht standgehalten (den Angriff … ausgehalten) und eine schwere Niederlage erlitten. Deshalb erwarteten die Bürger Roms/in Rom in größter Furcht (mit größter Furcht versehen) den Tod. Die Stadt ist damals zwar glücklich gerettet worden. Doch jener „schwarze Tag“ wurde von den Römern immer im Gedächtnis behalten.

⑪ 1. Sokrates, jener (berühmte) Philosoph der Griechen … 2. Alexander, jener (berühmte) Herrscher der Welt … 3. Jupiter, jener (bekannte) Wächter über Götter und Menschen … 4. Herkules, jener (berühmte) Mann von großer Körperkraft …

⑫ 1. Diese lenken den Staat mit Recht und Befehl, jene leben in großer Freiheit. 2. Die Sitten dieser werden von allen als hervorragend bezeichnet, die Kühnheit jener wird von allen gefürchtet. 3. Diesen ist Bildung, jenen Raserei [eigen]. 4. Diese haben die Götter zu Herren der Welt gemacht, vor jenen erschrecken die übrigen Völker.

Lektion 1–28

⑬ euntes: Gehende – dantes: Gebende – tangentes: Berührende – agentes: Handelnde – ruentes: Stürzende – stantes: Stehende – scientes: Wissende – fugientes: Fliehende – vocantes: Rufende – videntes: Sehende – finientes: Beendende – rapientes: Raubende – fallentes: Täuschende – audientes: Hörende

⑭ 1. pervenientes: Als die Gallier auf den Gipfel des Burgberges gelangten, wurden sie von den Hunden nicht bemerkt. 2. clamantes: Die Gänse aber weckten, da sie schnatterten, den Manlius auf. 3. rapiens – impellens: Dieser stürzte sich, wobei er die Waffen an sich riss und die anderen Soldaten zum Kampf antrieb, auf den Feind. 4. timentes – petentes: Obwohl die Soldaten vor der Todesgefahr Angst hatten, stürmten sie dennoch gegen die Gallier, die die Burg angriffen, und besiegten sie. Lösungswort: PARENT (sie gehorchen)

⑮ 1. „Weshalb, Hannibal, versuchst du nicht die Stadt zu erobern? 2. Durch welche Furcht wirst du von der Hauptstadt der Römer abgehalten? 3. Welche Mauer kann dir widerstehen? 4. Wodurch (Von welchen Dingen) veranlasst, schaust du Rom nur an, greifst es aber nicht an?“

Lektion 1–29

① pugnet – eant – ponant – regas – ames – pares – parias – alam – sim – nolim – cupiam – vastem – possit
Andere Formen: timet: 3. P. Sg. Ind. Präs. von *timere* (er, sie, es fürchtet) – capiet: 3. P. Sg. Fut. I von *capere* (er, sie, es wird fangen) – negant: 3. P. Pl. Ind. Präs. von *negare* (sie verneinen) – iuras: 2. P. Sg. Ind. Präs. von *iurare* (du schwörst) – paras: 2. P. Sg. Ind. Präs. von *parare* (du bereitest) – paries: 2. P. Sg. Fut. I von *parere* (du wirst erwerben) – monet: 3. P. Sg. Ind. Präs. von *monere* (er, sie, es mahnt) – volam: 1. P. Sg. Fut. I von *velle* (ich werde wollen)
Doppelformen: pares: 2. P. Sg. Konj. Präs. von *parare* oder 2. P. Sg. Ind. Präs. von *parere* (du gehorchst) – alam: 1. P. Sg. Konj. Präs. oder Fut. I von *alere* (ich werde ernähren) – cupiam: 1. P. Sg. Konj. Präs. oder Fut. I von *cupere* (ich werde wünschen)

② eam: 1. P. Sg. Konj. Präs. zu *ire* oder Akk. Sg. f. zu *is, ea, id* – parcas: 2. P. Sg. Konj. Präs. zu *parcere* oder Akk. Pl. f zu *parcus, -a, -um* (sparsam) – pares: 2. P. Sg. Konj. Präs. zu *parare* oder 2. P. Sg. Ind. Präs. zu *parere* (du gehorchst) oder Nom./Akk. Pl. m/f zu *par, paris* (gleich) – iudicem: 1. P. Sg. Konj. Präs. zu *iudicare* oder Akk. Sg. m zu *iudex* (der Richter) – labores: 2. P. Sg. Konj. Präs. von *laborare* oder Nom./Akk. Pl. m zu *labor* (Arbeit) – sitis: 2. P. Pl. Konj. Präs. von *esse* oder Dat./Abl. Pl. m/f/n von *situs, -a, -um* (gelegen)

③ 1. Veturia weiß nicht, warum der Sohn die Vaterstadt angreift (indir. Wortfrage) 2. …, ob Coriolan Sohn oder Feind ist (indir. Doppelfrage). 3. …, ob der Sohn Frau und Kindern gewogen ist (indir. Satzfrage). 4. …, auf welche Weise sie den Sinn ihres Sohnes wandeln könne (indir. Wortfrage)

④ 1. velis: „Hannibal, ich frage dich, ob du mit mir in das Kriegslager kommen willst. 2. eas: Ich bitte dich, dass du mit mir in den Tempel des Jupiter (Baal) gehst. 3. sis: Ich fordere von dir, dass du niemals in Freundschaft mit den Römern lebst (bist). 4. teneas/iures: Ich befehle dir, dass du den Altar anfasst (hältst) und dies bei Jupiter (Baal) schwörst.“

Lektion 1–30

⑤a dederis: dare – ceperimus: capere – fueritis: esse – potuerim: posse – redierit: redire – fefelleris: fallere – sustulerim: tollere – venerint: venire
b Es ist ungewiss, 1. warum die Freunde nicht schnell nach Rom gekommen sind (*venerint*) 2. … ob auch ihr lange auf der Reise gewesen seid (*fueritis*). 3. … wann die Schar der jungen Leute nach Hause zurückgekehrt ist (*redierit*).

⑥ 1. Als Alexander erfahren hat, dass er von Zeus abstammt, strebt er nach der Herrschaft über alle Länder. 2. Obwohl die Soldaten von höchsten Anstrengungen stark mitgenommen (überwältigt worden) sind, verehren sie Alexander. 3. Weil Diogenes gesehen hat, dass Alexander ihm in der Sonne steht (Schatten macht), sagt er: „Geh aus der Sonne!“ Lösungswort: SOL

⑦ Alle wissen, 1. von welchem Wahn du getrieben wirst (*inciteris*). 2. … warum von dir Heere zusammengestellt worden sind (*coacti sint*). 3. … wie sehr (heftig) von dir die Bürger aufgehetzt werden (*sollicitentur*).

⑧ superare (besiegen) – iubere (befehlen) – terrere (erschrecken) – respondere (antworten) – defendere (verteidigen) – dimittere (entlassen) – cognoscere (erkennen) – capere (fangen) – circumvenire (umzingeln)

Lektion 1–31

⑨ alerer, alereris, aleremini, aleret, aleremur, alerentur, alerent, aleres, aleretur, alerem, aleremus; servarer, servareris, servaremini, servaret, servaremur, servarentur, servarent, servares, servaretur, servarem, servaremus; cuperer, cupereris, cuperemini, cuperet, cuperemur, cuperentur, cuperent, cuperes, cuperetur, cuperem, cuperemus; viderer, videreris, videremini, videret, videremur, viderentur, viderent, videres, videretur, viderem, videremus; sentirer, sentireris, sentiremini, sentiret, sentiremur, sentirentur, sentirent, sentires, sentiretur, sentirem, sentiremus

⑩ cur – ne: Cäsar wusste, warum viele darauf aus waren, dass er nicht in Rom herrschte.

⑪a 1. Da viele darum baten, Kleopatra zu sehen (dass sie Kleopatra sähen), wurde sie von Cäsar in die Stadt [Rom] gebracht. 2. Kleopatra gefiel allen, als sie nach Rom gekommen war. 3. Kleopatra wusste nicht, ob Cäsar darauf aus war, dass sie nach Ägypten zurückgebracht wurde. 4. Mit allen Künsten einer Frau kämpfte sie dafür (bemühte sie sich darum), dass sie von Cäsar nicht verlassen wurde.
b A 2; B 3; C 1; D 4

Lektion 1–32

⑫ 1. Wenn Kroisos nicht den Fluss Halys überschritten hätte, wäre kein großes Reich zerstört worden. 2. Wenn die Vorzeichen der Götter nicht missachtet worden wären, wäre Cäsar nicht ermordet worden. 3. Wenn der Berg Vesuv nicht ausgebrochen wäre, wäre Pompeji nicht untergegangen. 4. Wenn sich die Erde nicht bewegte, wäre die Sonne nicht in der Mitte des Weltalls.

⑬ 1. C.: Wenn auch heute noch Gladiatoren in der Arena kämpften, würden gewiss viele ihnen zuschauen (sie betrachten). 2. D.: Wenn ich ein Schwert hätte, würde ich mit den Gladiatoren kämpfen. 3. B.: Wenn die Menschen immer nur an Spielen teilnähmen, würden sie vielleicht kein glückliches Leben führen. 4. A.: Wenn wir Künste und Wissenschaften vernachlässigten, würden wir keine Bildung haben.

⑭ 1. Wenn du geschwiegen hättest, wärst du ein Philosoph geblieben. 2. …, wärst du jetzt noch ein Philosoph. *Unterschied*: 1. Satz: Irrealis der Vergangenheit, 2. Satz: Mischirrealis (Gliedsatz: Irrealis der Vergangenheit, Hauptsatz: Irrealis der Gegenwart)

⑮ 1. Wenn ich die Wahrheit gesagt hätte, (z. B.: wäre ich nicht bestraft worden). 2. Wenn ich kein Barbar wäre, (z. B.: hätte ich mit diesen armen Menschen Mitleid). 3. Wenn ich den Sieg errungen hätte, (z. B.: hätten mich meine Fans gefeiert). 4. Wenn ich nicht von dir verlassen worden wäre, (z. B.: wäre ich nicht so traurig).

Lektion 1–33

① 1. perfer 2. referet 3. efferens 4. differunt 5. ferunt 6. ferat 7. pertuli. Fremdwort: REFERAT

② 1. Ertrag [es] und sei hart, du hast [schon] viel Schlimmeres ertragen! 2. Was aufgeschoben wird, wird nicht aufgehoben (Aufgeschoben ist nicht aufgehoben). 3. Sich selbst hoch zu rühmen (mit Lobsprüchen herauszuheben), ist allzu großer Hochmut.

③ 1. Diogenes ging am Mittag durch die Straßen der Stadt mit einer Laterne in der Hand (eine Laterne in der Hand tragend). 2. Als ihn aber die Bürger fragten (gefragt hatten): „Warum, Diogenes, trägst du am helllichten Tag diese Laterne? Was suchst du? Was (Welche Sache) willst du in deine Tonne heimbringen?“, soll er geantwortet haben: „Ich suche Menschen!“
ferens: Nom. Sg. PPA – fers: 2. P. Sg. Ind. Präs. Akt. – referre: Inf. Präs. Akt. – ferunt: 3. P. Pl. Ind. Präs. Akt.

Lektion 1–34

④ 1. Multis oppidis incensis: Obwohl viele Städte angezündet worden waren, hörte Vercingetorix nicht auf, den Römern Widerstand zu leisten. 2. Victoria parta: Nachdem sie den Sieg errungen hatten (der Sieg errungen war), waren die Römer die Herren Galliens. 3. Gallia pacata: Nach der Unterwerfung Galliens wollte Cäsar nach Italien zurückkehren.

⑤ *Richtig*: Der Barbar wurde nach der Ermordung des Bürgers nach Rom geschleppt. (Der Abl. abs. wurde nicht erkannt; die gebotene Übersetzung hätte die lateinische Wendung *cum cive necato* vorausgesetzt.)

⑥ 1.D: nachdem die Waffen niedergelegt worden sind; 2.C: obwohl der Plan bekannt geworden ist; 3.A: nachdem das Zeichen gegeben worden ist; 4.B: nachdem die Nachrichten empfangen worden sind

⑦ 1. Alkibiades war ein hervorragender Mann sowohl in seinen Fehlern als auch in seinen Tugenden. 2. Deshalb zog er sich bei vielen Neid zu, beim Volk aber genoss er Bewunderung. 3. Nach Beginn des Krieges mit den Lakedämoniern kam er seiner Vaterstadt oft zu Hilfe. 4. Doch am Ende war er, nachdem er viele Niederlagen erlitten hatte, bei allen Bürgern verhasst.

Lektion 1–35

⑧ *z. B.:* patre vivo: zu Lebzeiten des Vaters; civibus plaudentibus: unter dem Beifall der Bürger; sole occidente: bei Sonnenuntergang; consule auctore: auf Veranlassung des Konsuls; nullo prohibente: ohne dass [uns] jemand hinderte; periculis instantibus: weil Gefahren drohten
⑨ Civibus fugientibus (Während die Bürger flüchteten,)/Nerone canente (Unter Neros Gesang)/Multis auxilio venientibus (Obwohl viele zu Hilfe kamen,) urbs Roma igne deleta est. (ist die Stadt Rom durch Feuer zerstört worden.)
⑩ Nero klagte die Christen an, damit er nicht selbst in Verdacht geriet. Er befahl den Soldaten, dass sie die Christen nicht schonen sollten. Es bestand die Gefahr, dass alle Christen zugrunde gingen.
⑪ Als ein Bürger lange dumm daherredete (schwätzte), sagte der Philosoph Zenon Folgendes: „Deswegen haben wir zwei Ohren, aber nur einen Mund, damit wir nicht viel sagen, aber (damit wir) viel hören."

Lektion 1–36

⑫ *keine Pronomina:* ibi: Adverb (dort); audi: Imp. Sg. von *audire* (höre); ubi: Fragewort/Subjunktion (wo/sobald); dei: Gen. Sg./Nom. Pl. von *deus* (des Gottes/die Götter); rei: Gen. Sg./Nom. Pl. von *reus* (des/die Angeklagten) und Gen./Dat. Sg. von *res* (der Sache); legi: 1. P. Sg. Perf. und Inf. Präs. Pass. von *legere* (ich habe gelesen/gelesen zu werden); exi: Imp. Sg. von *exire* (geh heraus); vi: Abl. Sg. von *vis* (mit Gewalt)
Pronomina: illi: Dat. Sg. von *ille, illa, illud* (Dem.-Pron.); mihi: Dat. von *ego* (Pers.-Pron.); ei: Dat. Sg./Nom. Pl. von *is, ea, id* (Dem.-Pron.); cui: Dat. Sg. von *quis/qui* (Frage-/Rel.-Pron.); hi: Nom. Pl. m von *hic, haec, hoc* (Dem.-Pron.); ipsi: Dat. Sg./Nom. Pl. von *ipse, ipsa, ipsum* (Dem.-Pron.); isti: Dat. Sg./Nom. Pl. m von *iste, ista, istud* (Dem.-Pron.); ii: Nom. Pl. m von *is, ea, id* (Dem.-Pron.)
⑬ unter dem Oberbefehl des Pompejus; nach Ermordung Cäsars; auf persönliche Veranlassung des Konsuls; gegen deren Widerstand; nach dem Angriff unmittelbar auf die Stadt Rom; nach Meldung dieser Vorkommnisse
⑭ 1. Sisyphus, der König der Korinther, zögerte, da er sowohl höchste Klugheit als auch große Frechheit besaß, nicht einmal, den Göttern Unrecht zuzufügen. 2. Als sein Lebensende nahte, besiegte er sogar (selbst) den Tod und legte ihn in Ketten. 3. Nach dessen Gefangennahme konnte niemand mehr aus dem Leben scheiden. 4. Als außerdem die Tochter des Asopus von Jupiter geraubt worden war, verriet er, da er von jenem Geheimnis wusste, dennoch alles dem Vater, obwohl [ihm] schlimmste Strafen drohten. 5. Deshalb wurde er in den Tartarus gebracht und Jupiter persönlich erlegte ihm eine gewaltige Mühsal [als Strafe] auf: 6. Er musste immer auf den Gipfel eines Berges mit höchster Kraftanstrengung einen Felsbrocken wälzen, der, sooft er [ihn] dorthin hochgeschleppt (hochgehoben) hatte, sofort wieder herabrollte.

Lektion 1–37

① 1. fortissime 2. celerrime 3. longissime
② 1. natura: Was ist schöner als die Natur? 2. equo: Was läuft schneller als ein Pferd? 3. ratione: Was ist nützlicher als der Verstand? 4. oraculo: Was spricht wahrer als ein Orakel? Lösungswort: NERO
③ UTER DISCUM LONGIUS MITTET? – Wer wird den Diskus weiter werfen?
④ Ein aufmerksamer Zuschauer sah bei den Olympischen Spielen, dass die Läufer darauf aus waren, sich einen möglichst großen Vorteil vom Start weg (beim Start) des Sieges wegen zu verschaffen. Deshalb sagte er: „Um wie viel größer ist die Sorge, die sich die Läufer um die Schnelligkeit machen, als die, die sie sich um die Gerechtigkeit machen!" (Um wie viel mehr sorgen sich die Läufer um die Schnelligkeit als um die Gerechtigkeit!)

Lektion 1–38

⑤ conabor – temptabo: ich werde versuchen; timuimus – veriti sumus: wir haben gefürchtet; moliebaris – exstruebas: du bautest; mane – morare: bleib; opinantes – putantes: glaubend (welche, die glauben)
⑥ Die fett gedruckten Buchstaben müssen untereinanderstehen: VERI**T**US – **H**ORTARE – F**A**TENTES – MO**L**IEMUR – **E**XPERIOR – CONAN**S**; Lösungswort: THALES
in Angst [geraten] – ermahne – gestehend (welche, die gestehen) – wir werden errichten – ich erfahre – versuchend
⑦ Bei den Griechen ernteten die, die etwas (irgendeine Sache) als Erste entdeckt und erprobt hatten, größten Ruhm. Deshalb hielt es Archimedes, als er ein Naturgesetz erkannt hatte, nicht zu Hause, sondern er lief sofort nackt (mit nacktem Körper) auf die Straße und schrie: „Ich hab's gefunden! Ich hab's gefunden!" („Heureka! Heureka!")

Lektion 1–39

⑧ usum esse: Inf. Perf. [Akt.] von Dep. *uti* (gebraucht zu haben) – lusum esse: Inf. Perf. Pass. von *ludere* (gespielt worden zu sein); mori: Inf. Präs. [Akt.]/Dep. (sterben) – metui: Inf. Präs. Pass./1. P. Sg. Ind. Perf. Akt von *metuere* (gefürchtet werden/ich habe gefürchtet); instituebamur: 1. P. Pl. Ind. Impf. Pass. von *instituere* (wir wurden unterrichtet) – irascebamur: 1. P. Pl. Ind. Impf. von Dep. *irasci* (wir zürnten); audieris: 2. P. Sg. Fut. Pass. von *audire* (du wirst gehört werden) – patieris: 2. P. Sg. Fut. [Akt.] von Dep. *pati* (du wirst leiden); laedor: 1. P. Sg. Ind. Präs. Pass. von *laedere* (ich werde verletzt) – loquor: 1. P. Sg. Ind. Präs. von Dep. *loqui* (ich spreche); probati sunt: 3. P. Pl. Ind. Perf. Pass. von *probare* (sie sind gebilligt worden) – profecti sunt: 3. P. Pl. Ind. Perf. [Akt.] von Dep. *proficisci* (sie sind aufgebrochen)
⑨ Sokrates war darauf bedacht, (dass er in Rom mit der Jugend sprach)/dass er mit Gleichmut starb (SE)/dass er das Unrecht tapfer ertrug (NE)/(dass er aus dem Gefängnis entkam)/(dass er mit dem Schiff nach Karthago reiste)/dass er selbst immer Gerechtigkeit zeigte (sich gerecht verhielt) (CA). Lösungswort: SENECA
⑩ Alkibiades fragte Sokrates, warum er die immer streitsüchtige Xanthippe so gleichmütig ertrage. Der sagte lachend: „Ich habe mich so an ihr Geschrei gewöhnt wie an den Lärm der Räder, die das Wasser aus dem Brunnen holen. Den höre ich nicht mehr."
⑪ 1. Sokrates soll vom Orakel in Delphi (Delphischen Orakel) als der Weiseste bezeichnet worden sein. 2. Dieser Orakelspruch scheint die Wahrheit verkündet (gesprochen) zu haben. 3. Nicht alle Philosophen gestehen, wie man sagt, wie Sokrates: „Ich weiß, dass ich nichts weiß."
⑫ LOQUERE: 2. P. Sg. Imp. von *loqui* (sprich) – LATERE: Inf. Präs. Akt. (verborgen sein) – DICERE: Inf. Präs. Akt. (sagen): – LIBERE: Adv. von *liber, -a, -um* (frei)– DISSERE: 2. P. Sg. Imp. von *disserere* (erötere)

Lektion 1–40

⑬ 1. Natura est certa dux bene vivendi. – Die Natur ist eine zuverlässige Führerin zu einem guten Leben. 2. Tempus sume ad cogitandum! – Nimm [dir] Zeit zum Nachdenken! 3. Virtutes spectantur in agendo. – Gute Eigenschaften (Tugenden) sieht man (werden erkennbar) beim Handeln. 4. Non licet omnia agere vincendi causa. – Man darf nicht alles tun, um zu siegen (des Siegens wegen).
⑭ 1.C: Um zu üben, nehmen wir viele Mühen auf uns. 2.E: Durch schnelles Gehen wirst du deinen Körper gesund erhalten. 3.B: Beim Reden verwende eine laute Stimme! 4.F: Durch Betrachten der Natur wirst du die Weisheit Gottes erkennen. 5.D: Zu einem glücklichen Leben braucht man nicht viel (viele Dinge). 6.A: Die Kunst des Redens ist nicht allen gegeben.
⑮ „Die Wolke, die der [Berg] Vesuv sehr groß macht, indem er ununterbrochen Asche in die Höhe ausstößt, scheint nun die Gestalt einer ganz gewaltigen Pinie zu haben."

Lektion 1–41

① possim: ich könnte (wohl) – dicat: er, sie, es soll sagen – sequantur: sie sollen folgen – insint: sie sollen enthalten sein – loquantur: sie sollen sprechen – moneat: er, sie es soll mahnen – eat: er, sie, es soll gehen – faciat: er, sie, es soll machen
② 1. Fugiamus domum! – Lasst uns nach Hause fliehen! (Hortativ) 2. Utinam nos sequamini! – Hoffentlich folgt ihr uns! (Optativ) 3. Nemo semper tantos labores ferre possit. – Niemand vermag wohl immer so große Mühen zu ertragen. (Potentialis) 4. Quid faciamus? – Was sollen wir tun? (Deliberativ) 5. Omnes hic morentur! – Alle sollen sich hier aufhalten! (Jussiv) 6. Sis salvus! – Sei gesund! (Heil dir!) (Optativ)
③ *Pia und Gaius diskutieren miteinander:* 1. **p**roficiscamur: Lasst uns sofort nach Hause gehen! 2. so**l**licitentur: Deine Eltern sollen sich nicht beunruhigen! 3. f**a**ciam: Was soll ich tun? Ich weiß [es] nicht. 4. tim**u**eris: Hab nicht zu viel Angst! 5. indigne**t**ur: Aber mein Vater wird wohl ungehalten (entrüstet) sein! 6. s**u**stineat: Der soll das ertragen! 7. faveati**s**: Ihr guten Götter, seid uns gewogen! Lösungswort: PLAUTUS
④ Zögert nicht! – Falle nicht! – Verzweifelt nicht! – Geh nicht hinaus! – Geh nicht weg!

Lektion 1–42

⑤ *Semideponens:* solitus sum (solere): ich bin gewohnt – gavisus es (gaudere): du hast dich gefreut – ne ausi sitis (audere): wagt nicht – confisi sumus (confidere): wir haben vertraut;
Deponens: ne secutus sis (sequi): folge nicht – passi sunt (pati): sie haben erduldet – visi sunt (videri): sie haben geschienen – mortuus est (mori): er, sie, es ist gestorben – potiti sumus (potiri): wir haben uns bemächtigt – complexi estis (complecti): ihr habt umarmt
⑥ PROFECTI SUMUS (wir sind aufgebrochen) – FIEBAMUS (wir wurden) – REVERTISTI (du bist zurückgekehrt) – CONFISUS ESSES (du hättest vertraut) – SOLITI SUNT (sie sind gewohnt) – REVERTERIS (du wirst zurückkehren)

⑦ 1. „Unsere Vorfahren waren immer gewohnt, die Feinde von den Grenzen Galliens abzuhalten. 2. Deshalb wagte früher niemand, die Gallier in ihren Städten anzugreifen. 3. Und niemals ist es so weit gekommen (geschehen), dass fremde Führer Herren über die Gallier wurden. 4. Leistet daher den Römern im Vertrauen auf eure Tapferkeit Widerstand! 5. Sorgt dafür, dass jene, wenn sie nach Italien zurückgekehrt sind, schlecht von den Galliern sprechen!" 6. Über diese Rede freuten sich alle sehr.

Lektion 1–43

⑧ *Gerundium*: ars curandi morbos (die Kunst, Krankheiten zu heilen) – vitando pericula (durch Vermeiden von Gefahren) – tempus scribendi epistulas (Zeit, Briefe zu schreiben/zum Briefeschreiben) – fugiendo multitudinem hominum (durch Meiden der Menschenmasse/indem man die Menschenmasse meidet);
Gerundivum: occasio libri legendi (die Gelegenheit, ein Buch zu lesen) – cupiditas vini bibendi (das Verlangen, Wein zu trinken) – in medicina adhibenda (bei der Anwendung von Medizin) – oppidis expugnandis (durch Eroberung der Städte) – caelo contemplando (durch Betrachten des Himmels)
⑨ ad deos verendos (zur Verehrung der Götter) – gloriae pariendae causa (um Ruhm zu erwerben) – in natura tutanda (beim Schutz der Natur) – bonis exemplis imitandis (indem man gute Beispiele nachahmt) – de auxilio praestando (über die Hilfeleistung)
⑩ 1. Die Natur gab dem Menschen das Verlangen, die Wahrheit zu sehen (erkennen). 2. Deshalb war der Philosoph Diogenes über seine Mitbürger verärgert (entrüstet), weil niemand über die richtige Führung des Lebens, niemand über ein glückliches Leben nachdachte, weil alle mit Trinken und Essen beschäftigt waren, alle damit, möglichst großes Geld zu machen (verdienen). 3. Einmal aber ging er am helllichten Tag mit einer Laterne in der Hand (eine Laterne ... haltend) auf dem Marktplatz herum. 4. Gefragt, warum er das tue, antwortete er: „Ich suche Menschen."
⑪ Was ist der Unterschied zwischen das Gleiche und dasselbe? Du kannst wohl täglich immer das gleiche Brot essen, doch niemals dasselbe. Alle aber sind wir von derselben Natur.

Lektion 1–45

⑫ 1. Dass die Gerechtigkeit von den Bürgern hochgehalten (verehrt) werden muss, ist offensichtlich. 2. Das Wohl des Volkes muss für das oberste Gesetz gehalten werden. 3. Alle Völker müssen sich an das gemeinsame Recht aller Menschen halten.
⑬ 1. Alle müssen richtig leben. 2. Den Eltern muss man gehorchen. 3. Den Kindern muss man gewogen sein. 4. Gefangene müssen verschont werden. 5. Wer darf nicht zögern? 6. Müssen wir nicht Menschen in Not (elende Menschen) schützen?
⑭ 1. Ödipus hatte den Orakelspruch erhalten (erfahren), dass er seinen Vater töten werde. 2. Deshalb kehrte er, um dieses Verbrechen zu vermeiden, nicht nach Korinth in seine Heimatstadt zurück. 3. Sondern er machte sich auf den Weg nach Theben; als Ödipus jedoch ein alter Mann entgegenkam, um ihm den Weg zu versperren (verstellen), tötete er ihn. 4. Später, als Ödipus in Theben König geworden war, brach plötzlich eine so gewaltige Pest aus, dass die meisten Bürger [daran] zugrunde gingen. 5. Deshalb wurde das Orakel befragt, was die Thebaner tun müssten. 6. Die Antwort war (Es wurde geantwortet): „Wer König Laios getötet hat, der muss mit dem Tod bestraft werden." 7. Um die Wahrheit zu erkennen (herauszufinden), hörte Ödipus nicht auf, jenen zu suchen. 8. Doch am Ende fand er sich selbst als Mörder. 9. Sofort erkannte er, dass er aufs Schwerste bestraft werden müsse. 10. Mit dem Ausruf „Es ist Licht geworden!" bohrte er sich selbst die Augen aus.

Wortschatztests

1

① A. sol B. tacere, silentium C. canis D. iacere E. asinus F. clamare G. stare
② silentium, sol, clamare
③ Beispiele:
a Stat./Venit.
b Ubi est./Sol ardet./Cur tacet?
c Cur amica non clamat?/Subito etiam canis tacet.
d Subito asinus tacet et canis clamat./Cur etiam canis non iam clamat?/Stare et exspectare non iam placet.
④ placet – etiam – subito – cessat
⑤ villa – clamare – tacere – exspectare
⑥ 1. Der Esel schreit nicht mehr. – Situation: Der Esel hat vorher geschrien, hat jetzt aufgehört.
2. Plötzlich schreit der Esel. – Situation: Man hat mit dem Schreien des Esels nicht gerechnet, es war vorher ganz still.
3. Auch der Esel schreit. – Situation: Ein anderes Tier, z. B. der Hund mit seinem Kläffen, macht schon Lärm, dazu kommt jetzt das Schreien des Esels.

2

① ibi, hic, ecce, procul
② Man wollte damit besonders höflich sein und dem Angesprochenen zeigen, dass man ihn hoch schätzt und sich selbst als seinen Diener einstuft.
③ familia, amicus, sol, salutare
④ appropinquare, properare, venire; evtl. auch: apportare, apparere
⑤ A. Servus donum apportat. B. Quintus et Flavia rident et gaudent.
⑥ Beispiel: Als ich **damals** in den neuen Kindergarten ging, freute ich mich auf die neuen Freunde. Ich wartete am Eingang. **Da** kam ein Junge auf mich zu. Er sah mich eine Weile an, **dann** schüttelte er mir die Hand und sagte: „Ich soll dich abholen, komm mit." **Darauf** gingen wir gemeinsam hinein und er zeigte mir unseren Raum.
⑦ 1. Dort kommt der Freund. – An einer bestimmten Stelle taucht er auf.
2. Schon kommt der Sklave. – Man musste nicht lange warten.
3. Dann lacht die Freundin. – Vorher hat sie etwas anderes gemacht, z. B. traurig herübergesehen.
4. ..., denn der Hund kommt nicht. – Das ist eine Begründung, z. B. könnte vorher gesagt werden, dass jemand böse ist, weil er auf den Hund warten muss.
5. Auch der Sklave schweigt. – Andere Leute schweigen und der Sklave ebenso.
6. Aber die Frau schweigt. – Man hat erwartet, dass sie etwas sagt; jetzt tritt das Gegenteil ein, sie schweigt.

3

① equus, eques
② quis, cur, unde, quid, ubi
③ navigare, parare, parere
④ equus/eques, parat/paret, statim/statis, iam/nam, tum/sum
⑤ Drei Situationen für die Bedeutungen von *debere*: Ich *schulde* ihm Geld. – Ich *muss* das Geld bald zurückzahlen. – Meiner Freundin *verdanke* ich es, dass ich es zurückzahlen kann, denn sie hat mir etwas geliehen.
⑥ asinus D10, ecce K7, ego A10, et/te B4 u. a., gaudere B10, hic H9, iam B2, imperator D1, insula K5, lacrima A9, navigare I6, parare A1, periculum A1, respondere A3, stare C3, statim E4, subito I8, tenere D7, timere K6, tum A8

4

① A. intrare B. amor C. simulacrum D. imperator (Kaiser – Feldherr)
② videre, spectaculum, populus, signum, populus
③ a amica, dea, matrona, regina, serva
b amicus, servus, eques, nuntius, imperator, homo, consul, senator, avus, deus
④ 1. Beispiele: Der Konsul freut sich, aber er lacht nicht. – Erklärung: Man sieht ihm die Freude an, seine Augen strahlen vielleicht, aber man hört nichts.
2. Auch der Freund kommt nicht. – Niemand kommt, nicht einmal der Freund.
3. Der Großvater schweigt und antwortet nicht. – Er macht zwei Dinge: schweigen und nicht antworten; es verstärkt, dass er nichts sagt.
⑤ homo, populus, signum, videre

⑥ Glut, ardor, ardere, brennen, glühen; Geschrei, clamor, clamare, schreien; Liebe, amor, amare, lieben; Toben, furor, furere, wüten, toben; Furcht, timor, timere, fürchten
⑦ sed, parere, te, stat

5
① A. plaudere B. dormire C. legere D. epistula
② orator, dicere; amicus, ludere; nox, dormire; epistula, legere; spectaculum, plaudere
③ 1. patronus 2. plaudunt 3. dormire 4. quaerit
④ Der Gleichklang der Anfangsbuchstaben verhilft zum Behalten und Abrufen der Sätze; Verwechslungen lassen sich dadurch vermeiden.
⑤ plaudere, invadere, quaerere, patronus, legere
⑥ amicus, servus, eques, nuntius, imperator, homo, consul, senator, avus, deus, pater, patronus, iudex, fur, reus, orator, dominus

6
① A. navis, nauta, pirata, navigare, (necare) B. praecipitare C. ventus
② Alarm aus „ad arma!“ – zu den Waffen!
③ Beispiel: Mit dieser Leistung hat sie alle übertroffen. Ich hatte keine Lust dazu und musste mich dazu überwinden. Wir haben euch in diesem Spiel besiegt.
④ navis/novis, solem/solet, pater/mater, vento/venio, cur/fur
⑤ hic, ibi, ubique, ante (= vor), procul
⑥ sol/solus, canis/causa, auxilium/audire, verbum/ventus/venire, donum/dominus/dormire, maestus/magnus/mater/matrona, sed/sedere/semper/servus/serva/senator
⑦ mater, novus, nox, dormire

7
① Lösungswort: *plaudo*
② medicus, ambulare, forum, currere, ex
③ oculus – Auge, manere – bleiben, abducere – wegführen, volputas – Vergnügen, mortuus – gestorben
④ 1B, 2C, 3A
⑤ *Beruf*: patronus, nauta, iudex, praetor, consul, eques, imperator, senator, nuntius, medicus
familia: dominus, mater, pater, avus, matrona, serva
⑥ donum – dare; epistula – legere; equus – incitare; verbum – dicere; fur – sumere; imperator – iubere; mens – cogitare; navis – navigare; nox – dormire; oculus – videre; periculum – timere; silentium – tacere; sol – ardere; spectaculum – plaudere

8
① unus, multi, cuncti
② inter
③ primus, exemplum, robustus, totus
④ urbs, emere, hodie, lux, ambulare
⑤ *Mask.*: amor, pirata, eques, sol, furor; *Fem.*: causa, mater, navis, vox, servitus, lux, fuga, mens, nox, urbs; *Neutr.*: auxilium, silentium
⑥ *Ort*: hic, ibi, procul, ubi, ubique, unde
Zeit: diu, iam, iterum, nunc, primo, hodie, semper, subito, tum

9
① A. durus B. gladius
② pugna, pugnare; amor, amare; vox, vocare; spectaculum, spectare; navis, navigare; ardor, ardere; clamor, clamare
③ mors – vita; dexter – sinister; natus – mortuus; gaudere – maestus; defendere – petere/invadere
④ natus/novus, miser/mater, donum/durum, mens/mors, sole/sine, unus/urbs
⑤ Lösungswort: *certe*
⑥ Das fehlende lateinische Wort: *urbs*
puer K5, sapientia B3, pulcher D3, horrere D7, etsi B1, dexter A1, sperare A9, durus A1, totus H1, miser C6, lux D5, aequus E10, vir I5

10
① unus, multi, cuncti, nemo
② sacrificare
③ servus – serva, puer – puella, pater – mater, rex – regina, vir – femina, deus – dea
④ publicus, addere, humanus, imponere, statuere
⑤ Beispiel: Wenn man aus Versehen eine andere Aufgabe als die aufgegebene gemacht hat
⑥ humanus: menschlich, gebildet; durus: hart; aequus: gleich, angemessen; pulcher: schön; asper: hart, grob; maestus: traurig; alius: ein anderer; iucundus: angenehm, liebenswürdig; miser: elend, unglücklich; novus: neu; dignus: würdig; liber: frei; barbarus: barbarisch
⑦ cenam parare, puellam rogare, in agris laborare, filio carere, deis sacrificare
⑧ humanitas, imponere, studere
⑨ putare, liber, homo, humanus, statuere, intrare, mors, vir, miser, lux, mortuus, dormire, ager, urbs, aqua, mater, addere, dexter, sol, eques, dicere, imponere, rex, laborare, labor

11
① trahere
② 1. interrogare 2. desinere 3. addere 4. negare 5. vivere 6. ignorare
③ Personen: servus, hospes, frater, fur, nauta, regina, puer, filius
⑤ negare, hospes, interrogare, salus
⑥ Konjunktionen: atque, nam, enim, et, sed, neque
Subjunktionen: quamquam, etsi, si, quod, dum, cum

12
① A. corpus, tergum, caput, oculus B. flere
② deus, dea, numen, ara, simulacrum, oraculum, preces, sacrificare, colere, pius
③ licet, fabula, genus, tangere
④ 1. durus 2. pulcher 3. asper 4. iucundus
⑤ parere – iubere, stare – iacere, respondere – interrogare, tacere – clamare, manere – cedere, gaudere – flere, petere – defendere, terrere – timere

13
① cognoscere
② altus: hoch und tief
③ quis quid, quo/quare, ubi, unde, cur
④ mittere: schicken → re-mittere: zurückschicken; currere: laufen → re-currere: zurücklaufen; tenere: halten → re-tinere; zurückhalten; dare: geben → red-dere: zurückgeben; cedere: gehen → re-cedere: zurückgehen
⑤ elf Wörter: exemplum, genus, nomen, auxilium, corpus, pretium, mare, caput, forum, saxum, tergum
⑥ 1. Gallia 2. ara 3. vendere 4. cura 5. Lucius 6. epistulam
⑦ Nach diesem Muster kannst du dir selbst Übungen für das Training der Stammformen anfertigen.

14
① ager arbor, aqua, asinus, caelum, mare, insula, mons, saxum, sol, terra, ventus, via/iter
② Das Geschäft ist geöffnet.
③ mos/mox, via/vis/vix, cura/curo, mare/more, tam/tum, cadere/carere, cado/cedo
④ offendere, aperire, via, consistere, sentire
⑤ rex, hora, liber, arbor

15
① brevis – longus, omnis – nemo, maestus – felix, cadere – surgere
② sol, sors, solus, solere, sollicitare
③ promittere, defendere, tempus, pro, contra
④ 1. gravis 2. miser 3. facilis 4. acer 5. altus
⑤ zum Beispiel: ein schwerer Stein, ein schwerwiegendes Problem, eine gewichtige Angelegenheit, ein ernster Gesichtsausdruck
⑥ appropinquare, bellus, cogitare, consistere, dea, dicere, donum, exponere, femina, forma, homo, iacere, interrogare, iudicare, iudicium, iuvenis, mortalis, numen, nuntius, placere, pretium, promittere, pulcher, quis, rogare, salutare, sapientia, signum, spectare, stare, superare, vir
⑦ cura curare; serva, servus, servitus; parare, paratus; navis, navigare; salutare, salus; labor, laborare; patronus, pater, patria; humanus, inhumanus, homo, humanitas; ardor, ardere; regina, rex, regnum; pugna, pugnare

16
① flamma, focus
② Vera: „die Wahre/Echte", Pia: „die Fromme", Felix: „der Glückliche"
③ si, sic, sine, situs, signum, sinister, silentium, simulacrum
④ liberis, liberare, liber; apparere, appellare, appropinquare; iter, iterum, item; gratia, gravis; venire, ventus, vendere; statim, stare, statuere; opprimere, oppidum
⑤ favere, appellare, difficilis, votum
⑥ 1. arbor 2. ponere 3. sperare 4. surgere 5. quaerere
⑦ *Ort*: procul, unde, ibi, ubi, hic, ubique, domum
Zeit: diu, mox, iam, adhuc, primo, iterum, hodie, tum, postremo, semper, deinde

17
① A. pons B. orare C. exstruere
② credere, honor, explanare, monumentum, annus, dominus
③ tam, tamen, tandem, tacere, tangere
④ 1. sacrificat 2. spargit 3. fave 4. agit 5. tradit
⑤ cognoscere, comperire, scire
⑥ domum, in insulam, huc, ad amicum
⑦ egregius – hervorragend, perturbare – beunruhigen, tradere – überliefern, tamen – dennoch, ingens – gewaltig, dimittere – entlassen, liberare – befreien, mortalis – sterblich; ohne Partner: *bellum*
⑧ **forum**: orator, patronus, reus; imperator, senator, consul – monumentum, via – homo, civis – salutare, convenire, properare, ambulare – **homines**: pater, mater, uxor, filius, filia, frater; familia; dominus, domina, servus, serva – puer, iuvenis, vir; puella, femina, matrona – tergum, caput, oculus, corpus – forma, animus; sapientia; humanitas; iucundus, robustus; asper, acer; bellus, pulcher; felix; bonus, liber; barbarus, inhumanus; pius, humanus – natus, vivere, vivus; mors, mortuus, mortalis – hospes; amicus, amica; nauta, medicus, orator; reus, fur; patronus; populus; regina, rex; consul, senator, imperator, civis – **verbum**: vocare, vox; clamare, clamor – petere, preces, orare – legere, scribere, epistula – audire – negare, promittere – explanare, narrare – salutare, appellare – respondere, interrogare, rogare – **domini et servi**: servitus – servus, serva – parere, laborare, labor – miser, fuga, liberare – iubere – liber – dominus, domina

18
① A. ripa B. transire C. invitare
② Afrika ist jenseits des Meeres gelegen. – Ich segle übers Meer.
③ imperator, imperium; sedes, sedere; cena, cenare; civis, civitas; pugna, pugnare
④ iudex, imponere, omnis, vendere, opus, restare, trahere, mens, ardere, ponere, promittere, civis, cadere, iter, tollere, debere
⑤ 1. Die Substantive auf *-or* sind alle Maskulina. 2. Die Substantive auf *-us, -oris/-eris* sind Neutra. 3. Die Substantive auf *-tas* sind Feminina.
⑥ Lösungswort: *molto bene*

19
① *Von Quintus könnte sein*: Te amo. – Tibi destinatus sum. – In Gallia fui – et tu, ubi fuisti? – Animum meum perturbavisti. – Ego neminem aliam volo nisi ... – Quid de nuptiis cogitas?
Die übrigen Graffiti: Dominus noster clemens est. – Pater virum idoneum mihi quaesivit. – Date mihi litteras! – Consul vos salutat. – Lucius asinus est. – Nolo Cretam navigare. – Quis me convenire vult? – Domina aspera est. – Quis consilium utile nobis dat? – Maesta sum. – Laeti sumus. – Vos omnes stulti estis!
② ius, iudex, iudicium, iudicare
③ simulare, ius, litterae, studere, filia, duo
④ 1. filia 2. puer 3. virgo 4. vir 5. frater

20
① quinque amici, octo insulae, novem arbores, duo monumenta, sex horae, tres medici, septem canes, una fabula, decem anni, quattuor voces
② primus – secundus – tertius – quartus – quintus – sextus – septimus – octavus – nonus – decimus; Lösungswort: *cognovisti*
③ unus, octavus, primus, decimus, tres, quattuor, parentes, interesse
④ abducere, abesse, abire; accedere, accurrere, adesse, addere, apportare
⑤ libertas; Gleichheit, Brüderlichkeit

21

① a Autorität (*auctoritas*): Autorität ausstrahlen bedeutet eine Wirkung hervorrufen von hohem Ansehen, Entscheidungsbefugnis, auch mit Kompetenz. – Defekt (*deficere*): Ein Defekt ist ein Schaden, etwas fehlt an der Ganzheit, an der Funktionstüchtigkeit. – Relikte (*relinquere*): Relikte sind Überbleibsel, Hinterlassenschaften.

b Petition (*petere*): eine Bittschrift, eine Eingabe an einflussreiche Personen oder Gremien, um eine Entscheidung zu beeinflussen. Verwendungsbeispiel: Die Freunde des verhafteten Regimegegners reichten bei der Regierung eine Petition ein. – Kredit (*credere*): das Ausleihen von Geld gegen Zinsen, das „Anvertrauen" des Geldes für einen vereinbarten Zeitraum oder die Gewährung einer Zahlung im Nachhinein (vgl. Gläubiger als derjenige, der das Geld gegeben hat und damit eine Schuldforderung hat). Verwendungsbeispiel: bei der Bank einen Kredit aufnehmen; im Lokal jemandem Kredit einräumen. – Filiale (*filia*): die „Tochtergesellschaft", die Zweigniederlassung eines Stammbetriebes. Verwendungsbeispiel: Die Firma X hat im Neubaugebiet eine weitere Filiale eröffnet.

② prudentia – sapientia, causa – ob, dolus – fraus, urbs – murus, credere – fides, deus – sacerdos, mare – litus

③ In der in den folgenden Lektionen wiederkehrenden Übung „Parliamo italiano" wird ein kleiner Einführungskurs ins Italienische angeboten. Dabei kannst du sehen, wie das Italienische – als ein Beispiel für eine romanische Sprache – aus dem Lateinischen abgeleitet ist und wie viel du mit deinen Lateinkenntnissen in der italienischen Sprache entdecken und schon verstehen kannst.
Beim Vergleich der Substantive kannst du folgende Regeln finden:
Für das Genus: Lateinische Feminina sind im Italienischen ebenfalls Feminina. Lateinische Maskulina und Neutra sind im Italienischen Maskulina. Das Genus Neutrum gibt es im Italienischen nicht mehr.
Für die Form: Bei lateinischen Substantiven der o-Deklination hat sich die Endsilbe *-us* zu *-o* verändert. Lateinische Substantive der ā-Deklination sind in ihrer Form unverändert. Bei Substantiven der Konsonantischen Deklination sieht die italienische Form wie ein Ablativ Singular aus.

la via	via	f	Weg
il popolo	populus	m	Volk
il cane	canis	m	Hund
la cena	cena	f	Abendessen
il senatore	senator	m	Senator
la dea	dea	f	Göttin
la fortuna	fortuna	f	Glück
il padre	pater	m	Vater
la madre	mater	f	Mutter
il mare	mare	n	Meer
la mente	mens	f	Geist, Denkweise
la lettera	littera	f	Buchstabe
il monte	mons	m	Berg
il vino	vinum	n	Wein
la morte	mors	f	Tod
il dio	deus	m	Gott
la nave	navis	f	Schiff
il numero	numerus	m	Zahl
il ponte	pons	m	Brücke
il silenzio	silentium	n	Schweigen
la terra	terra	f	Erde

④ „Dann gehen wir nun medias in res", sagt jemand, der gleich zur Sache kommen will. (C.)

⑤ Verben der Bewegung: consistere: stehen bleiben, considere: sich hinsetzen, surgere: aufstehen, ambulare: spazieren gehen, descendere: herabsteigen – ire: gehen, abire: (weg)gehen, redire: zurückgehen, transire: hinübergehen, apparere: erscheinen, cedere: (weg)gehen, accedere: herantreten, discedere: weggehen, verschwinden, relinquere: zurücklassen, verlassen, venire: kommen, convenire: zusammenkommen, intrare: eintreten, petere: aufsuchen – properare: eilen, contendere: eilen, currere: laufen, accurrere: herbeilaufen

⑥ Zum Wortfeld „Angst" lassen sich im bisher gelernten Wortschatz folgende Vokabeln finden: timere: sich fürchten, timor: Angst, Furcht; in Erweiterung in Richtung eines Sachfeldes „Angst": animus: Mut, auxilium: Hilfe, clamare: schreien, clamor: Schrei, defendere: verteidigen, flere: weinen, fuga: Flucht, horrere: erschrecken, lacrima: Träne, laedere: verletzen, maestus: traurig, perturbare: beunruhigen, terrere: erschrecken

22

① a „per pedes": zu Fuß; weitere im Deutschen gebräuchliche Ableitungen von *pes*: Pedale – Fußhebel, Pediküre (*pes – cura*) – Fußpflege, Moped (*movere – pes*): Zweirad, das einen Motor und ein Pedal hat.
Auf die lateinische Frage *Quid modo ibi accidit?* – „Was hat sich dort gerade ereignet?" – wird in der englischen Antwort das aus dem Lateinischen *accidere* abgeleitete *accident* – „ein Unfall" – verwendet.

b Simulation (*simulare*): das Vortäuschen, die Verstellung, z. B. Simulation einer Krankheit; in der Wissenschaft modellhafte Nachbildung, z. B. Flugsimulation – Solist (*solus*): Sänger oder Musiker, der allein singt bzw. spielt, s. auch das Solo: die Einzeldarbietung – Mutation (*mutare*): Veränderung in der Erbsubstanz von Lebewesen

② iurare: schwören, ius: Recht, iudex: Richter, iudicare: urteilen, iudicium: Urteil

③ Wenn du die Regeln aus „Parliamo italiano" Lektion 21 anwendest, kannst du folgende Substantive bilden:
das Wasser: l'acqua, der Kaiser: l'imperatore, der Redner: l'oratore, das Schiff: la nave, das Jahr: l'anno, der Arzt: il medico, das Glück: la fortuna, der Esel: l'asino, das Licht: la luce, die Heimat: la patria, die Stimme: la voce, das Wohl: la salute

④ Das Sprichwort lautet: *Caelum, non animum mutant, qui trans mare currunt.* – „Den Himmel (das Klima), nicht die Seele ändern diejenigen, die über das Meer eilen/fahren." Bedeutung: Wer glaubt, er könne seinen Sorgen, seinen Gedanken, seiner seelischen Situation entkommen, indem er sich mitten auf das Meer begibt und die Umgebung wechselt, der irrt sich: Er hat nur den Himmel über sich verändert, nicht aber sein Inneres.

⑤ maestus: traurig, flere: weinen, lacrima: Träne, miser: unglücklich

⑥ Verwandtschaftsbezeichnungen sind: le père (*pater*), la fille (*filia*), les parents (*parentes*), le frère (*frater*), la mère (*mater*), le fils (*filius*); die übrigen Wörter: l'amie (*amica*), la reine (*regina*), le roi (*rex*), le dieu (*deus*), l'homme (*homo*), l'ami (*amicus*)

23

① a spontan (*sponte*): freiwillig, aus eigenem Antrieb, also ohne von einer anderen Person oder von Überlegungen beeinflusst zu sein – vehement (*vehemens*): heftig – Fakten (*facere, factum*): machen, „das Gemachte", das (unverrückbare) Ergebnis der Handlung – Respekt (*respicere, respectum*): denken an, berücksichtigen, eine andere Person in die Überlegungen mit einbeziehen und das Verhalten dadurch bestimmen lassen

b mandare (*manus – dare*): auftragen anvertrauen, mandatum – Mandat: Auftrag (des Wählers), Beispiel: Ein Abgeordneter hat ein Bundestagsmandat, er ist danach Mitglied des Bundestages, im Auftrag des Wählers (vgl. auch Mandat, Mandant im juristischen Bereich).
constituere: beschließen, festsetzen, Konstitution: Staatsverfassung (auch: körperliche Verfassung). Der Bundestag konstituiert sich: tritt nach der Wahl zum ersten Mal, in neuer Zusammensetzung zusammen.
regere: (be)herrschen – regieren, Regierung: die oberste Leitung eines Staates, Regent: ein Herrscher, Monarch (vgl. auch weitere Ableitungen wie Rektor, Direktor, Regisseur)
② regere: (be)herrschen, rex: König, regina: Königin, regnum: (König-)Reich, Königsherrschaft
③ In den Endbuchstaben einiger italienischer Verbformen des Präsens lassen sich die lateinischen Person-Zeichen erkennen: 1. P. Sg.: port-o, 1. P. Pl.: portia-mo, 2. P. Pl.: porta-te. Die Personal-Pronomen helfen bei der weiteren Zuordnung: 2. P. Sg.: porti, 3. P. Sg.: porta, 3. P. Pl.: portano.
Für die Bildung sind nur italienische Verben auf *-are* ausgewählt: ihr grüßt: salutate – er hofft: spera – wir lieben: amiamo (vgl. portare – portiamo) – ich lade ein: invito – sie befreien: liberano – du hoffst: speri – ich liebe: amo – er lädt ein: invita – ihr befreit: liberate
④ *Omnia mea mecum porto.* – „Ich trage all das Meinige mit mir.", wird dem Philosophen Bias aus Priene, einem der sieben Weisen, zugeschrieben.
⑤ Fragewörter: quando: wann, quare: warum, quid: was, quis: wer, quo: wohin; die übrigen Wörter: quam: wie, quamquam: obwohl, quidem: allerdings, zwar, quinque: fünf, quondam: einst
⑥ Beispiele für Geschäfte usw.: fides: Sicherheitsunternehmen, Bank; iter: Reisebüro; lux: Lampengeschäft; nuptiae: Heiratsvermittlung, Geschäft für Hochzeitskleidung; sapientia: Universität (die Universität von Rom heißt La Sapienza), Nachhilfeinstitut; oculus: Optiker, Augenarzt; vita: Reformhaus, Reha-Klinik; voluptas: Spielegeschäft; aspicere: Fotogeschäft; tempus: Uhrmacher; murus: Bauunternehmen, Geschäft für Heimwerker; auxilium: Pflegedienst

24

① non parvus: magnus; qui primus ex duobus venit: prior; urbem circumdant: moenia/muri; ira commotus: iratus
② Foco opus est flamma. Ein Herd braucht eine Flamme. – Templo opus est ara. Ein Tempel braucht einen Altar. – Mihi opus est auxilio. Ich brauche Hilfe. – Patrono opus est reo. Ein Anwalt braucht einen Angeklagten/Ein Angeklagter braucht einen Anwalt. – Consuli opus est senatoribus. Ein Konsul braucht Senatoren. – Equiti opus est equo. Ein Reiter braucht ein Pferd. – Domino opus est servo. Ein Herr braucht einen Sklaven./Ein Sklave braucht einen Herrn. – Mari opus est aqua. Ein Meer braucht Wasser.
③a Das deutsche Perfekt Aktiv und diese italienischen Perfektformen sind in ihrem Aufbau sehr ähnlich: eine Form des Hilfsverbs „haben" oder „sein" (italienisch: *avere* oder *essere*) und das Partizip.
Es sind also insgesamt zwei oder sogar drei Wörter. Welche Person gemeint ist, erkennt man an dem Personal-Pronomen bzw. an der Form des Hilfsverbs. (Im Italienischen wird das Personal-Pronomen nur gebraucht, wenn es besonders betont wird, im Deutschen müssen wir das Personal-Pronomen bei einer Verbform ja benutzen.)
Im Lateinischen dagegen wird das Perfekt Aktiv in einer einzigen Form ausgedrückt, die aus dem Bedeutungsteil im Perfektstamm und dem Person-Zeichen besteht.
b Manche Laute haben sich verändert, aber die Partizipformen lassen sich leicht auf lateinische zurückführen und somit auch übersetzen: amato – amatum – geliebt; sentito – sensum (sentire) – gefühlt, gemerkt; promesso – promissum – versprochen; portato – portatum – getragen; lavorato – laboratum – gearbeitet; dato – datum – gegeben.
c Wenn man nun die Formen des Hilfsverbs und das Partizip hintereinanderschreibt, erhält man italienische Perfektformen: (noi) abbiamo lavorato – (tu) hai promesso – (lei) ha amato – (voi) avete portato – (io) ho dato – (loro) hanno promesso – (tu) hai sentito – (lui) ha lavorato – (voi) avete dato – (io) ho amato.
④ Tacitus hatte sich vorgenommen, über die Ereignisse der römischen Geschichte „ohne Zorn und Eifer" zu schreiben, also objektiv und unparteiisch zu sein, nicht zu bewerten und dabei selbst offen und unbeteiligt zu bleiben, nicht zu kritisieren oder sich über etwas aufzuregen.
⑤ avus: Großvater, pater: Vater, mater: Mutter, parentes: Eltern, filius: Sohn, filia: Tochter, frater: Bruder, uxor: Ehefrau
⑥ pontem facere: eine Brücke bauen, dolorem facere: Schmerz zufügen, verba facere: eine Ansprache/Rede halten, bellum facere: Krieg anfangen/führen, spem facere: Hoffnung wecken, vim facere: Gewalt antun, virum idoneum ducem facere: einen geeigneten Mann zum Anführer bestimmen/ernennen

25

① Mögliche Adjektive, die eine Charaktereigenschaft bezeichnen, sind z. B.:
positiv: *mollis, aequus, bonus, clemens, egregius, facilis, fortis, humanus, iucundus, pius*
negativ: *acer, asper, superbus, terribilis, incertus, inimicus*
② Mandat (*mandatum*): Auftrag → Amt (eines Abgeordneten) – perfekt (*perficere*, PPP *perfectum*): vollendet – oral (*os, oris*): im/mit dem/durch den Mund
③ „Echte/Wahre Freude ist eine ernste Sache." Das bedeutet: Freude/Spaß sollte immer auch ein wenig Substanz haben, sonst gleitet man leicht in die Albernheit ab./Viele Späße, z. B. Witze, haben häufig einen ernsten Hintergrund./Will man selbst etwas Witziges von sich geben, z. B. in Form eines lustigen Theaterstückes, steckt oft harte Arbeit und nicht nur reines Vergnügen dahinter.
④ Die häufigste Art der Pluralbildung im Italienischen ist bei Maskulina der Wandel des Singular-*o* bzw. *-e* in ein Plural-*i* (z. B. medico → medici), bei Feminina der Wandel des Singular-*a* in ein Plural-*e* (z. B. terra → terre).
Demnach lautet der Plural zu den angegebenen Substantiven:
monte → monti (Berge), corpo → corpi (Körper), ponte → ponti (Brücken), terra → terre (Länder, Ländereien), figlia → figlie (Töchter), numero → numeri (Zahlen, Nummern), via → vie (Straßen).
⑤ Bei der Bildbeschreibung können Vokabeln aus Lektion 25 (z. T. auch in Verneinung) wie *superbus, imperare, plebs, inimicus, parcere, iniuria, terribilis, gaudium, afficere, agitare, mollis, pellere* herangezogen werden.
⑥ imperare: imperator, imperium – inimicus: amicus – iniuria: ius, iurare – terribilis: terrere – orare: os, oraculum, orator
⑦ vinum: Wein – ars: Kunst – finire: beenden – intrare: eintreten

26

① oppugnare → temptare   rapere → privare   ruere → expugnare
② sukzessive (*succedere*, PPP *successum*): allmählich, nach und nach („nachfolgend") – forte (*fortis, fortis, forte*): laut („kräftig") – Ruine (*ruere*): was nach einem „Einstürzen" übrig bleibt
③ Als Beispiele aus Wortschatz 26 können aufgeführt werden: *tot, pauci, inopia.* Daneben lassen sich aus früheren Lektionen Vokabeln wie *ambo, ceteri, copia, cuncti, multi, tantus* oder auch Zahlen nennen.
④ vita: das Leben – vitare: vermeiden   privare: berauben – privatus: persönlich, privat
⑤ Die italienischen Wörter lassen sich auf folgende lateinische zurückführen:

il	è	molto	bene	un	poco	di	per	favore	altro
ille	est	multum	bene	unum	paucum	de	per	favorem	alterum

Die Übersetzung der italienischen Sätze lautet:
Das Eis ist sehr gut! – Ein bisschen Zucker, bitte! – Noch ein (ein weiteres) Eis, bitte!
⑥ „Den Tapferen hilft das Glück".
Grundaussage des Sprichwortes: Bei entsprechendem eigenen Engagement stellt sich auch der Erfolg ein. Bis zu einem gewissen Grad ist es bisweilen sogar möglich, „sein Glück zu zwingen".
Als Ersatz für das Adjektiv *fortes* könnte in diesem Zusammenhang z. B. *diligentes* eingesetzt werden.
⑦ primum tempus: die erste Zeit des Jahres – vacantia (zu *vacare*): die von Arbeit frei bleibenden Zeiten – exercitium (zu *exercere*): die Übung

27

① Folgende Begriffspaare sollten gebildet werden:
proelium – pugna   omnis – universus   timor – metus   inimicus – adversarius
proelium: die Schlacht als Einzelereignis gegenüber dem eher allgemeinen, übergeordneten Begriff *pugna*.
omnis: im Sinne von jeder Einzelne, *universus*: im Sinne der Gesamtheit (umfassend).
timor: Angst als konkretes Gefühl der Schwäche, *metus*: Furcht eher vom Verstand her, im Sinne der Vorsicht.
inimicus als der persönliche Feind, *adversarius* eher der Gegner, dem man nicht unbedingt mit Feindschaft begegnen muss.

② a Für die lateinischen Wendungen können z. B. folgende deutsche Ausdrücke verwendet werden:
proelium committere: eine Schlacht schlagen;
filium amico committere: den Sohn einem Freund anvertrauen;
nefas committere: ein Verbrechen begehen;
b *to commit a crime*: ein Verbrechen begehen.
③ Die Artikel im Italienischen haben sich aus dem Pronomen *ille* bzw. *illa* entwickelt. Ein Neutrum gibt es im Italienischen nicht. Im Maskulinum fiel im Singular die Silbe *-le* weg, während sich im Plural, ähnlich wie beim Femininum, die letzte Silbe bzw. der letzte Vokal als prägend erhalten hat. Dementsprechend fiel im Femininum Singular und Plural die erste Silbe weg (die Endung *-e* erklärt sich aus dem im Mittelalter wie ein breites *-e* gesprochenen *-ae*).
Die Artikel lassen sich wie folgt zuordnen: *la vita, i medici, il monumento, le lettere.*
Die Singular- bzw. Pluralformen lauten: *i vini, le ville, il numero, le storie, i corpi, la terra.*
④ Die Vorsilbe bezeichnet zum einen eine Verneinung bzw. die Negativform des zugrunde liegenden Wortes, hier: *iniquus, incolumis, inimicus.*
Zum anderen gibt sie vor Verben oder Substantiven eine Richtung an, hier: *imponere, intrare, invadere, invenire, impetus.*
⑤ (water-)resistant (*resistere*): dem Eindringen des Wassers „Widerstand leistend" – intelligent (*intellegere*): schnell „verstehend" – delete (*delere*): vernichten → „auslöschen" → »löschen«
⑥ Das Victory-Zeichen geht auf das lateinische Substantiv *victoria* zurück.
⑦ „Ich kam, sah, siegte"; der berühmte Ausspruch Julius Cäsars, den er nach seinem Sieg am 2. August 47 v. Chr. über Pharnakes II., den König von Pontus, als Botschaft an Gaius Matius nach Rom schicken ließ. Cäsar betonte damit die Schnelligkeit seines Sieges, den er durch das rasche Erkennen der Situation davongetragen hatte. Bei seinem Triumphzug im Jahr 46 v. Chr. wurde auch ein *titulus*, eine Tafel, mit der Aufschrift VENI. VIDI. VICI. vorangetragen, ein Indiz dafür, dass sich der Ausspruch binnen kürzester Zeit zu einer weit verbreiteten Redewendung entwickelt hatte.

28

① eripere – dare   pro – contra   odium – amor   inimicitiae – amicitia
② Finale (*finis*): das, was am „Ende" passiert – Kontra (*contra*): „dagegen"(halten, sprechen) – obskur (*obscurus, -a, -um*): unklar, verdächtig („dunkel" und deshalb nicht klar zu erkennen) – illuminiert (*lumen*): beleuchtet (mit „Licht" versehen)
③ Zu erschließen über *accedere* „herantreten": Kein Zugang!
④ Im Lateinischen wie im Deutschen sind die Nachsilben mit einem bestimmten Bedeutungsgehalt verbunden, hier lateinisch *-tudo*, was im Deutschen der Nachsilbe *-heit/-keit* entspricht.
Also: *fortitudo*: Tapferkeit, *pulchritudo*: Schönheit, *multitudo*: „Vielheit", Menge, *altitudo*: „Hochheit", Höhe.
⑤ Die Grundbedeutung von *manus* ist „die Hand". Eine Hand voll Menschen ist eine Schar.
⑥ Die italienischen Partizipformen bedeuten im Deutschen:
l'amante: der Liebende – *l'atleta corrente*: der laufende Athlet – *un bambino dormiente*: ein schlafendes Kind – *il mese corrente*: der laufende (= aktuelle) Monat
⑦ „Ich bin das Alpha und das Omega: der Anfang und das Ende."
Dieser Satz Jesu Christi betont die Ewigkeit und Allumfassendheit Gottes. In ihm ist jegliche Zeit aufgehoben, gleichzeitig ist Gott (mit dem Jesus wesenseins ist) als der Schöpfer der Welt und derjenige, der am Jüngsten Tag die irdische Welt und Zeit beenden wird, auch im konkreten Sinn der Anfang und das Ende. Zudem betont Jesus damit auch, dass alle Dinge auf Erden auf ihn bezogen sind.

29

① agmen: (Heeres-)Zug
② obsecrare, petere, orare, rogare, preces
③ Beim Erkennen von italienischen Substantiven, Adjektiven oder Verben helfen die Beobachtungen, die du bisher beim Vergleichen des Italienischen und Lateinischen gemacht hast, und die lateinischen Vokabelkenntnisse.
sto – stare – stehen; silenzio – silentium – Ruhe; tengo – teneo/tenere – halten; pericolo – periculum – Gefahr; uomo – homo – Mensch; amore – amor – Liebe; dormo – dormio/dormire – schlafen; vento – ventus – Wind; solo – solus – allein; corro – curro/currere – laufen; morto – mortuus – tot; mente – mens – Geist; cresco – crescere – wachsen; vergine – virgo – junge Frau, Jungfrau; esempio – exemplum – Beispiel; spero – sperare – hoffen; fortuna – fortuna – Glück; luce – lux – Licht; duro – durus – hart; buono – bonus – gut; ponte – pons – Brücke; sinistro – sinister – links; morte – mors – Tod; figlio – filius – Sohn; umanità – humanitas – Menschlichkeit; salute – salus – Wohl; vivo – vivus – lebendig; scrivo – scribo/scribere – schreiben; alto – altus – hoch, tief; lungo – longus – lang; apro – aperio/aperire – öffnen; facile – facilis – leicht; vero – verus – wahr; vino – vinum – Wein; credo – credere – glauben
④ *Manus manum lavat.* – „Eine Hand wäscht die andere." (D)
⑤ familiär (*familia*): in seiner „Familie" – frequentiert (*frequens*): „in großer Zahl" aufgesucht – intravenös (*intra*): sodass es sich „innerhalb" der Venen befindet – Abstinenzler (*abstinere*): einer, der keinen Alkohol trinkt („sich des Alkohols enthält")
⑥ captivus – liber; felix – infelix; abesse – adesse; dexter – sinister; considere – surgere; temptare – defendere
⑦ quis, quid, quo, cur, num, nonne, an, ubi, -ne, quare, unde, quando, qui

30

① lectus: Bett
② aedis, aedificare – amicus, amica, amicitia – audere, audacia – captivus, capere – conspicere, conspectus – consultum, consulere, consul – cupere, cupiditas – dux, ducere – familiaris, familia – finire, finis – fuga, fugere – imperare, imperator, imperium – incendium, incendere – iniuria, ius, iurare – ira, iratus – magnitudo, magnus – metuere, metus – multitudo, multi – nuntiare, nuntius – sacerdos, sacer, sacrificare – studium, studere – timor, timere
③ Beim Vergleichen der italienischen mit den lateinischen Substantiven und ihrem Genus kann man sehen, dass die genannte Regel für die Beispiele hier zutrifft. Wenn man also das Genus eines lateinischen Substantivs weiß, dann ist die Wahrscheinlichkeit sehr groß, dass man im Italienischen den richtigen Artikel dazusetzt. Ein Beispiel dafür ist das italienische Substantiv *sole*. Vom Deutschen her würden wir denken, dass dieses Wort Femininum ist, und würden deshalb den falschen Artikel verwenden.

Italienisch	Latein	Deutsch
il silenzio	silentium *n*	Ruhe
il pericolo	periculum *n*	Gefahr
l'uomo	homo *m*	Mensch
l'amore	amor *m*	Liebe
il giudice	iudex *m*	Richter
l'oratore	orator *m*	Redner
il vento	ventus *m*	Wind
il sole	sol *m*	Sonne
la mente	mens *f*	Geist
la vergine	virgo *f*	junge Frau
il mese	mensis *m*	Monat
l'esempio	exemplum *n*	Beispiel
la fortuna	fortuna *f*	Glück

Italienisch	Latein	Deutsch
la luce	lux *f*	Licht
il ponte	pons *m*	Brücke
la morte	mors *f*	Tod
il figlio	filius *m*	Sohn
l'umanità	humanitas *f*	Menschlichkeit
la salute	salus *f*	Wohl
il monte	mons *m*	Berg
il corpo	corpus *n*	Körper
il fuoco	focus *m*	Feuer
il vino	vinum *n*	Wein
l'amicizia	amicitia *f*	Freundschaft
il dolore	dolor *m*	Schmerz

④ *Homo animal rationale est.* – „Der Mensch ist ein vernunftbegabtes Lebewesen."
⑤ Initiative (*inire*): den Anstoß geben (in eine Sache „hineingehen", eine Sache „beginnen") – Quantität (*quantus*): Menge („Größe") – Konzessionen (*concedere*): Zugeständnisse – Revolver (*revolvere*): eine Waffe, deren Trommel sich nach jedem Schuss „weiterdreht"

31

① onus: Last (portare: tragen)
② Klara von *clarus*: die Berühmte, Mira von *mirus*: die Wunderbare
③ la mano – manus *f* – die Hand; l'occhio – oculus *m* – das Auge; l'umero – umerus *m* – die Schulter; il piede – pes *m* – der Fuß
④ Advent (*adventus*): Ankunft des (im christlichen Sinne) Herrn – Klausur (*claudere*): Prüfungsarbeit, die „in Abgeschlossenheit" geschrieben wurde (vgl. Kloster) – abrupt (*ab-rumpere*): urplötzlich („abgebrochen") – Deponie (*deponere*): eine Stelle zum „Ablegen" von Müll – inklusive (*in-cludere*): „ein-geschlossen"
⑤ *Amantes amentes* – „Liebende/Verliebte sind ohne Bewusstsein", bei ihnen ist das Denken ausgeschaltet. Eine Übersetzung, die das Wortspiel nachahmt, könnte z. B. sein: verliebt – verrückt.
⑥ Die römische Neuntagewoche (jeder neunte Tag ein Markttag: Nundinae) wurde durch Kaiser Konstantin 321 n. Chr. durch die Siebentagewoche (nach jüdisch-christlichem Vorbild einer Woche mit sechs Tagen und einem Ruhetag) abgelöst. (Die Woche endete mit dem Sabbat/Samstag; dadurch erklärt sich der Name Mittwoch.) Die Tage wurden nach den sieben Planeten benannt, die in der Antike bekannt waren (astrologische Planetenwoche). Im Germanischen finden sich Lehnübersetzungen der Wochentage, die römischen Götter- bzw. Planetennamen wurden durch die der entsprechenden germanischen Götter ersetzt.

LATEINISCH	Erklärung	ITAL.	FRANZ.	ENGL.	DEUTSCH	Erklärung
dies Lunae	Tag des Mondes	lunedì	lundi	monday	Montag	Tag des Mondes
dies Martis	Tag des Mars	martedì	mardi	tuesday	Dienstag	Tag des Gottes Tiu/Ziu/Tyr (Gott des Krieges), als Mars Thingsus für Rechtsprechung zuständig
dies Mercurii	Tag des Merkur	mercoledì	mercredi	wednesday	Mittwoch	Tag des Gottes Wotan/Odin (oberster german. Gott) – Mitte der Woche
dies Iovis	Tag des Jupiter	giovedì	jeudi	thursday	Donnerstag	Tag des Gottes Donar/Thor (zuständig für Blitz und Donner)
dies Veneris	Tag der Venus	venerdì	vendredi	friday	Freitag	Tag der Göttin Freya/Frija/Frigga (Gattin Odins, Beschützerin der Ehe)
dies Saturni	Tag des Saturn	sabato	samedi	saturday	Samstag/ Sonnabend	aus: Sabbat-Tag/ Abend vor dem Sonntag
dies Solis/ dies dominica	Tag der Sonne/ Tag des Herrn	domenica	dimanche	sunday	Sonntag	Tag der Sonne/ christliche Bezeichnung

32

① Das Fußbodenmosaik aus dem Haus des Tragödiendichters in Pompeji warnt den Besucher vor dem Hund. (D.)
② *Beatus ille, qui procul negotiis.* – „Glücklich [ist] derjenige (jener), der fern von Verpflichtungen (also z. B. Aufgaben, die er erledigen muss, beruflichen Anforderungen) [ist]."
irridere: verspotten – libertas: Freiheit – promittere: versprechen – pugna: Kampf – somnus: Schlaf – comes: Begleiter – invitare: einladen – parcere: schonen – vehemens: heftig – tempus: Zeit – ripa: Ufer – aedificare: bauen – satis: genug → Verpflichtung (eine mögliche Übersetzung für *negotium*)
③a Pokal (*poculum*): ursprünglich ein Gefäß („Becher"), aus dem man trinken konnte – korrupt (*corrumpere*): bestechlich („bestochen") – Kaution (*cavere*): große Summe Geld als Sicherheit, auf die z. B. der Vermieter zurückgreifen kann, wenn der Mieter nicht zahlt, d. h., der Vermieter „hütet sich" vor einer Gefahr – Beate (*beatus*): die Glückliche
b to exspect: exspectare – to defend: defendere – to explain: explanare – to move: movere – to appear: apparere – to delete: delere – to offend: offendere – to ignore: ignorare – to respond: respondere – to invite: invitare – to persuade: persuadere – to invent: invenire – to finish: finire
④ praeceps, praecipitare (caput) – scire, nescire – custos, custodire – aditus, adire – imperium, imperare, imperator – familia, familiaris – gaudere, gaudium – ira, iratus – magnitudo, magnus – vox, vocare – paratus, parare – sententia, sentire – victoria, victor, vincere – mandare, mandatum – libertas, liber, liberare
⑤ ponere, pono, posui, positum: setzen, stellen, legen; componere: zusammenstellen; deponere: niederlegen, aufgeben; exponere: ausstellen, aussetzen; imponere: setzen, stellen, legen (an, auf, in)
⑥ Auf die zugrunde liegenden Verben kann mithilfe der Bedeutung und der Stammformen geschlossen werden. adhibere: habere, habeo, habui, habitum – occidere: cadere, cado, cecidi – praetermittere: mittere, mitto, misi, missum – incedere: cedere, cedo, cessi, cessum – suscipere: capere, capio, cepi, captum – circumstare: stare, sto, steti, statum
⑦ to study (*studere*): sich bilden – to neglect (*neglegere*): vernachlässigen – to reduce (*reducere*): zurückführen – to prohibit (*prohibere*): abhalten (verbieten) – to respect (*respicere*): berücksichtigen (anerkennen) – to close (*claudere*): schließen – to promise (*promittere*): versprechen – to propose (*proponere*): vorschlagen

33

① *referre*: zurückbringen *afferre*: herbeibringen *efferre*: heraustragen
inferre: hineintragen, hineinbringen *auferre*: wegtragen, wegbringen
② Referat (*referre*): Vortrag („Bericht") – suspekt (*suspicio*): verdächtig („verdächtigt") – Terrorist (*terror/terrere*): einer, der durch Attentate „Schrecken" verbreitet
③ pars: Teil – suspectus: verdächtig – quietus: ruhig – terror: Schrecken – iustitia: Gerechtigkeit
④ Die richtige Zuordnung lautet:
man berichtet – ferunt; es ist nötig – opus est; es gehört sich – oportet; es ist notwendig – necesse est; es ist erlaubt – licet
Das Lösungswort lautet: **right.**
⑤ „Frieden [ist] das beste aller Dinge."
Die Bedeutung von *optima* ist über das bekannte Fremdwort optimal leicht zu erschließen.

34

① Die lateinischen Pluralformen mit den entsprechenden deutschen Bedeutungen lauten:
copiae: die Truppen, *fines*: das Gebiet, *homines*: die Leute, *universi*: alle zusammen, *aedes*: das Haus
② opera: die Arbeit, die Tätigkeit, die Mühe; oppugnare: angreifen, bestürmen; oportet: es ist nötig, es gehört sich, man darf; opus: das Werk, die Arbeit; opprimere: unterdrücken, überfallen, überwältigen; oppidum: die (befestigte) Stadt; opportunus: günstig, geeignet
③ Die Bildung des italienischen Genitivs und Dativs durch *di* und *a* lässt sich auf die Ersetzung der ursprünglichen lateinischen Endungen durch die lateinischen Präpositionen *de* und *ad* erklären. Parallelen finden sich im Deutschen in umgangssprachlichen Wendungen bzw. zahlreichen Dialekten, z. B. das Haus von meinem Bruder, ich schreibe einen Brief an meinen Freund.
Die italienischen Wendungen lauten übersetzt: Ich gebe Pietro zehn Euro. – Ich sehe Leonardos Villa.
④ Man erwartet ein (günstiges) Angebot.
⑤ Portugal
⑥ Mobile (*mobilis, mobilis, mobile*): ein Ensemble von mehreren „beweglichen" Dingen – desertieren (*deserere*): (aus der Sicht der Armee) „im Stich lassen" – Usus (*usus*): üblich („Brauch") – Airport (*portus*): Flug(„Luft")hafen

⑦ „Ein Unglück bietet die Gelegenheit zur Tüchtigkeit."
Von den angebotenen Lösungen ist Lösung B zutreffend. Das Sprichwort bringt den typisch stoischen Gedanken zum Ausdruck, Unglücksfälle nicht als Katastrophe, sondern als Bewährungsprobe für den Charakter und damit als Chance zu begreifen. Auf diese Weise kann aus Unglückssituationen noch ein persönlicher Nutzen gezogen werden.

35

① versum: (PPP von *vertere*) Akk. Sg. m und Nom./Akk. Sg. n; Akk. Sg. m zu *versus* – versuum: Gen. Pl. m zu *versus* – verbum: Nom./Akk. Sg. n zu *verbum* – verum: Akk. Sg. m und Nom./Akk. Sg. n zu *verus, -a, -um* – vestrum: Akk. Sg. m und Nom./Akk. Sg. n zu *vester, vestra, vestrum* – veterum: Gen. Pl. m/f/n zu *vetus*; vicum: Akk. Sg. m zu *vicus* – vivum: Akk. Sg. m und Nom./Akk. Sg. n zu *vivus, -a, -um* – vinum: Nom./Akk. Sg. zu *vinum* – victum: (PPP von *vincere*) Akk. Sg. m und Nom./Akk. Sg. n – virum: Akk. Sg. m zu *vir* – virium: Gen. Pl. f zu *vis* – vitium: Nom./Akk. Sg. n zu *vitium* – vitatum: (PPP von *vitare*) Akk. Sg. m und Nom./Akk. Sg. n
② Folgende Vokabeln aus Wortschatz 35 können genannt werden: *fenestra, aedificium, vicus, turris, hortus*, aber auch Vokabeln wie *pulchritudo, aureus, vetus* etc. können integriert werden.
③ rezitiert (*recitare*): vortragen – Kriminalbeamter (*crimen, criminis*): Er untersucht alles, was mit einem „Verbrechen" zu tun hat. – Simultandolmetscher (*simul*): Der Dolmetscher spricht praktisch zeitgleich („zugleich") mit dem Originalsprecher. – pressing (*premere*, PPP *pressum*): Pressing bedeutet z. B. beim Fußball, durch konsequente Deckungsarbeit den Gegner bereits in dessen Hälfte bzw. beim Spielaufbau unter Druck zu setzen („bedrängen").
④ *ignis* – *quis* – *vir* = Feuer – we(h)r – mann
⑤ regius → rex, regere aureus → aurum vivus → vivere, vita
pulchritudo → pulcher, -chra, -chrum adversarius → adversus, -a, -um ira → iratus, -a, -um humanitas → humanus, -a, -um magnitudo → magnus, -a, -um libertas → liber, -a, -um, liberare dignitas → dignus, -a, -um necessitas → necessarius, -a, -um
⑥ Die Vorstellung sollte in Form von kurzen Frage- und Antwortsätzen gestaltet sein, z. B. *Chi sei tu? Io sono Anna. Noi siamo Johannes (Giovanni!) e Markus (Marco!). E chi siete voi?*
⑦ Die Zeit der Regierung des Augustus galt bereits den Zeitgenossen als ein „goldenes Zeitalter", in dem endlich nach Jahrzehnten der (Bürger-)Kriege Frieden im Römischen Reich herrschte. Gleichzeitig blühten Kunst und Literatur: Weltberühmte Kunstwerke wie die „ara pacis" oder die Panzerstatue des Augustus entstanden, Schriftsteller wie Vergil, Horaz oder Ovid schrieben ihre Werke in der Herrschaftszeit des Augustus. Gleichzeitig dienten diese (Kunst-)Werke auch der Verherrlichung der Herrschaft des Augustus.

36

① Lehnwörter, die aus Wortschatz 36 entnommen werden können, sind Vase (← *vas, vasis*) und Tafel (← *tabula, -ae*). Weitere Lehnwörter aus anderen Lektionen sind z. B. Tempel (*templum*), Fenster (*fenestra*), Fabel (*fabula*), Familie (*familia*), Flamme (*flamma*), Form (*forma*), Patron (*patronus*), Pirat (*pirata*), Brief (*brevis*), Zins (*censere*), klar (*clarus*), Kloster (*claudere*, eigtl. von *claustrum*), Körper (*corpus*), Uhr (*hora*), Meile (*mille*), Orakel (*oraculum*), Paar (*par*), Pein (*poena*), pressen (*premere, pressum*), Pforte (*porta*), Preis (*pretium*), prüfen (*probare*), rauben, raffen (*rapere*), schreiben (*scribere*), Siegel (*signum*), Spiegel (*spectare, spectaculum*, eigtl. von *speculum*).
Daneben gibt es einige Wörter, die aufgrund der Verwandtschaft innerhalb der indoeuropäischen Sprachenfamilie als urverwandt gelten („Erbwörter"):
Vater (*pater*), Mutter (*mater*), Nacht (*nox, noct-*), Meer (*mare*), Auge (*oculus*), stehen (*stare*), sitzen (*sedere*), irren (*errare*), Zahlwörter, z. B. gut zu erkennen an: ein(s) (*unus*), drei (*tres*), sechs (*sex*), acht (*octo*).
② super – iuxta – ex – in – circum – de
③ *z. B.*: aurum; aureus; divitiae; dives; abundare; opes; avaritia; beatus
④ Collier (*collum*): ein Schmuckstück, das um den „Hals" herum liegt – florieren (*florere*): hervorragend sein – Mensa (*mensa*): eine Kantine, in der man ursprünglich an langen „Tischen" gesessen hat – Demonstration (*demonstrare*): Die Teilnehmer „zeigen" (ggf. mit Transparenten und Schildern) ihre politische Gesinnung.
⑤ Qualität gibt die Beschaffenheit (→ *qualis*) bzw. Güte eines Produkts an, Quantität (→ *quantus*) die Menge.
⑥ Lösung C: „Wissen ist Macht."

37

① A. sanctus, sancta B. pecunia
② Benefiz (*beneficium*): Wohltat (Wohltätigkeitskonzert); Ornamente (*ornare*): schmücken (ornamentum: Schmuck); pekuniär (*pecunia*): Geld (in finanziellen Schwierigkeiten); optimal (*optimus*): der beste; effizient (*efficere*): bewirken, erreichen (mit möglichst gutem Ergebnis in Anbetracht der Voraussetzungen); legal (*lex*): Gesetz (den Gesetzen entsprechend); Carmen (*carmen*): das Lied; Max (*maximus*): der Größte
③ Der Name des beliebten Kinderspiels ist abgeleitet von *memoria*, da ein gutes Gedächtnis hilfreich ist: Durch Aufdecken müssen Paare mit gleichen Motiven gefunden werden.
④ aperire: öffnen (ÖFF), eripere: entreißen (ENT), fugere: fliehen (LI), promittere: versprechen (CHE), offendere: stoßen (TO), remedium: Heilmittel (IL), servare: retten (ET), respondere: antworten (TEN); Lösung: *öffentliche Toiletten*
Dieser angebliche Ausspruch von Kaiser Vespasian wird als *Pecunia non olet* oder nur *Non olet* zitiert, wenn jemand betonen will, dass der finanzielle Gewinn bei einer Sache wichtiger ist als alles andere. Der römische Schriftsteller Sueton berichtet über diese Geschichte mit dem Bezahlen von Steuern für öffentliche Toiletten in Rom.
⑤

iudex, iudicis *m*	Richter	iudicare	urteilen
iudicium, -i *n*	Urteil, Gericht		
exercitus, -us *m*	Heer	exercere	üben
ludus, -i *m*	Spiel, Schule	ludere, ludo, lusi, lusum	spielen
donum, -i *n*	Geschenk	donare	(be)schenken
pugna, -ae *f*	Kampf	pugnare	kämpfen
		expugnare	erobern, erstürmen
		oppugnare	angreifen, bestürmen
parcus, -a, -um	spärlich, sparsam	parcere	schonen
victor, -oris *m*	Sieger	vincere, vinco, vici, victum	(be)siegen
victoria, -ae *f*	Sieg		

38

① A. sanguis B. sepulcrum

②

sententia, -ae *f*	Meinung, Ansicht	sentire, sentio, sensi, sensum	fühlen, merken
vita, -ae *f*	Leben	vivere, vivo, vixi, –	leben
vivus, -a, -um	lebend		
fuga, -ae *f*	Flucht	fugere, fugio, fugi, –	fliehen
		profugere	sich flüchten
custos, custodis *m*	Wächter	custodire	bewachen
custodia, -ae *f*	Bewachung		
casus, -us *m*	Fall, Schicksalsschlag	cadere, cado, cecidi, –	fallen
mirus, -a, -um	wunderbar, erstaunlich	admirari, admiror, admiratus sum	bewundern
admiratio, -onis *f*	Bewunderung		
mora, -ae *f*	Verzögerung, Aufenthalt	morari, moror, moratus sum	verzögern, sich aufhalten

③ aspicere – contemplari; causa – propter; censere – opinari; conari – temptare; coniunx – uxor; forma – pulchritudo; indicare – nuntiare; lumen – lux; timere – vereri

④ Experte – experiri: versuchen, erproben (jemand, der durch Erprobung Erfahrung gewonnen hat); frustriert – frustra: vergeblich (durch die vergeblichen Bemühungen enttäuscht und entmutigt); Indikator – indicare: anzeigen (Stoff, der etwas anzeigt)

⑤ Der *mos maiorum*, die Sitte der Vorfahren, galt bei den Römern als Handlungs- und Verhaltensmaßstab. Nachdenken oder diskutieren kann man darüber, inwiefern heute Traditionen, Vorbilder und Verhaltensmuster aus früheren Zeiten überhaupt eine Rolle spielen für den Einzelnen und für die Gesellschaft insgesamt, z. B. im öffentlichen Leben, in der Politik oder auch in religiösen Gemeinschaften.

⑥ potiri oppido (P), contemplari simulacrum (R), moliri muros (U), vereri deos (D), fateri scelus (E), admirari pulchritudinem (N), hortari milites (T), protegere amicos (I), experiri fortunam (A), amittere vitam (M); Lösungswort: *prudentiam*

39

① Kontakt (*contingere*, PPP *contactum*): berühren (Verbindung); Sequenz (*sequi*): folgen (Folge); eloquent (*loqui*): reden, sprechen (beredsam); Prämie (*praemium*): Belohnung; Patienten (*pati*): (er)leiden („die Leidenden"); passiv (*pati*, Perf. *passus sum*): (er)leiden (jemand, der alles hinnimmt, alles geschehen lässt); aktiv (*agere*, PPP *actum*): tun, handeln (jemand, der selbst handelt)

② orator: Redner; loqui: reden, sprechen; accusare: anklagen; appellare: anreden; negare: leugnen; blandus: schmeichlerisch; demonstrare: darlegen; disserere: erörtern; docere: lehren; oratio: Rede; exponere: darlegen; movere: bewegen; defendere: verteidigen; narrare: erzählen; referre: berichten; opinari: meinen; verbum: Wort; dicere: sagen, sprechen; sermo: Rede, Gespräch; Lösungswort: *finis*

③

ius, iuris *n*	Recht	iurare	schwören
iustitia, -ae *f*	Gerechtigkeit		
iniuria, -ae *f*	Unrecht, Ungerechtigkeit		
iustus, -a, -um	gerecht, gebührend		
iratus, -a, -um	zornig, wütend	irasci, irascor, iratus sum	zornig sein
ira, -ae *f*	Zorn, Wut		
mors, mortis *f*	Tod	mori, morior, mortuus sum	sterben
mortuus, -a, -um	tot, gestorben		
mortalis, -is, -e	sterblich		
orator, oratoris *m*	Redner	orare	beten, bitten
oratio, -onis *f*	Rede		
nocens innocens	schuldig unschuldig	nocere	schaden
sapiens	weise		
sapientia, -ae *f*	Weisheit		
utilis, -is, -e	nützlich, brauchbar	uti, utor, usus sum	gebrauchen, benutzen
paratus, -a, -um	bereit	parare	bereiten, vorhaben

④ „Halte die Sache fest (an der Sache fest), die Worte werden folgen."
Wer von dem Gegenstand, z. B. dem Thema seines Vortrags, genug versteht und sich am Inhalt orientiert, braucht keine Formulierungen vorzubereiten und auswendig zu lernen, weil seine Sachkenntnis ihm die richtigen Worte eingeben wird.

40

①a Wörter, die ungefähr die gleiche Bedeutung haben: ferre – portare; impellere – permovere; vero – autem
b Wörter, die gegensätzliche Bedeutungen haben: invitus – libens; amplus – angustus; ascendere – descendere; augere – minuere; dies – nox; iuventus – senectus; amor – odium; claudere – aperire

②

reliquus, -a, -um	übrig, künftig	relinquere, relinquo, reliqui, relictum	zurücklassen, verlassen
cupidus, -a, -um	bestrebt, begierig	cupere, cupio, cupivi, cupitum	wünschen
cupiditas, -atis *f*	Wunsch, Verlangen		
timor, -oris *m*	Angst, Furcht	timere	(sich) fürchten
cura, -ae *f*	Sorge, Sorgfalt	curare	sorgen, sich kümmern
liber, -era, -erum	frei	liberare	befreien
libertas, -atis *f*	Freiheit		
preces, precum *f*	Bitten, Gebet	precari, precor, –	flehen, bitten
pater, patris *m*	Vater		
patres, patrum *m*	Patrizier, Senatoren		
patronus, -i *m*	Schutzherr		
patria, -ae *f*	Vaterland, Heimat		
ruina, -ae *f*	Einsturz	ruere, ruo, rui, –	losstürzen, zustürmen

③ to expect (*exspectare*): erwarten; the silence (*silentium*): Ruhe; to stay[/to stand] (*stare*): stehen (stay: bleiben); to appear (*apparere*): erscheinen; the emperor (*imperator*): Herrscher, Kaiser; the sign (*signum*): Zeichen; to enter (*intrare*): eintreten; the father (*pater*): Vater; the judge (*iudex*): Richter; the question (*quaerere*): suchen, fragen (question: Frage); to defend (*defendere*): verteidigen; the mother (*mater*): Mutter; second (*secundus*): zweiter, folgender; to re-main (*re-manere*): zurückbleiben; the example (*exemplum*): Beispiel; the fortune (*fortuna*): Glück; the voice (*vox*): Stimme; to study (*studere*): sich bemühen (um), wollen, sich bilden; the error (*errare* [*error*]): irren (error: Irrtum); to at-tract (*ad-trahere*): anziehen; to ignore (ignorare): nicht wissen, nicht kennen (ignore: nicht beachten)

④ Sachfeld „Angst“: horrere: erschrecken; metus: Angst, Furcht; periculum: Gefahr; perturbare: verwirren, beunruhigen; timere: fürchten; terribilis: schrecklich; perterrere: sehr erschrecken; flere: weinen. Und im erweiterten Sinne auch: fugere: fliehen; profugere: sich flüchten; servare: retten, bewahren; evadere: entkommen

⑤ *Quid est libertas? Potestas vivendi, ut velis.* – „Was ist Freiheit? Die Möglichkeit, zu leben, wie du willst.“

⑥ Ruine (*ruere*): losstürzen (eingestürztes Gebäude); Eruption (*erumpere*): ausbrechen (Ausbruch); Impuls (*impellere*): anstoßen (Denkanstoß); Konsum (*consumere*): verbrauchen (Verbrauch); Fakultät (*facultas*): Möglichkeit; Campus (*campus*): Feld; Prozess/Prozession (*procedere*): vorrücken (Vorgang/religiöser Festzug)

41

① invenire – perdere (H), terra – aequor (O), pessimus – optimus (C), vivus – mortuus (O), abducere – adducere (P), incendere – exstinguere (T), odium – amor (I), mollis – durus (M), dies – nox (E), incipere – desinere (F), nocere – adesse (E), flere – ridere (C), ignorare – scire (I), invitus – libens (S), longus – brevis (T), parvus – magnus (I); HOC OPTIME FECISTI. – „Das hast du ganz hervorragend gemacht.“

②

tutus, -a, -um	sicher, geschützt	tutari, tutor, tutatus sum	schützen
pius, -a, -um	fromm gewissenhaft		
pietas, -atis *f*	Frömmigkeit, Pflichtgefühl		
aequus, -a, -um	gleich, angemessen		
aequor, -aequoris *n*	Meer		
spes, spei *f*	Hoffnung	sperare	hoffen
insperatus, -a, -um	unverhofft	desperare	verzweifeln
gaudium, -i *n*	Freude	gaudere, gaudeo, gavisus sum	sich freuen
labor, -oris *m*	Arbeit	laborare	arbeiten
incendium, -i *n*	Brand	accendere, -cendo, -censi, -censum	anzünden
		incendere, -cendo, -censi, -censum	anzünden
captivus, -a, -um	gefangen	capere, capio, cepi, captum	fangen, nehmen, ergreifen
captivus, -i *m*	Gefangener		

③ admiratio: Bewunderung; amor: Liebe; ardor: Begeisterung, Temperament; audacia: Frechheit, Kühnheit; avaritia: Gier, Geiz; clemens: sanft; crudelis: grausam; diligentia: Sorgfalt; dolor: Schmerz, Trauer; flere: weinen; fortis: tapfer; gaudium: Freude; improbus: unanständig; invidia: Neid; irridere: verspotten; maestus: traurig; odium: Hass; parcus: sparsam; pietas: Frömmigkeit, Pflichtgefühl; pulchritudo: Schönheit; robustus: kräftig; saevire: wüten, toben; stultus: dumm; superbus: hochmütig

④ to neglect (*neglegere*): nicht (be)achten, vernachlässigen; the mount(ain) (*mons*): Berg; to move (*movere*): bewegen, beeinflussen; to oppress (*opprimere*): unterdrücken, überfallen; to reduce (*reducere*): zurückführen; the hour (*hora*): Stunde; to offend (*offendere*): stoßen (offend: beleidigen); the science (*scire*): wissen (science: Wissenschaft); to promise (*promittere*): versprechen; difficult (*difficilis*): schwierig; to liberate (*liberare*): befreien; the vote (*votum*): Wunsch, Gelübde (vote: (Wahl-)Stimme, Abstimmung); to access (*accedere*): herantreten; the favour (*favere*): gewogen sein (favour: Gefallen); the flame (*flamma*): Flamme; the art (*ars*): Kunst; to explain (*explanare*): erklären; the honour (*honor*): Ehre, Ehrenamt; to trade (*tradere*): übergeben, überliefern (trade: Handel treiben); alien (*alienus*): fremd; the city (*civis*): Bürger (city: Stadt); the empire (*imperium*): Reich; to invite (*invitare*): einladen

⑤ *Quidquid agis, prudenter agas et respice finem.* – „Was auch immer du tust, handle klug und bedenke das Ende.“

⑥ Inspektor (*inspicere*): hineinschauen (Untersuchungsbeamter); pessimistisch (*pessimus*): der schlechteste (etwas Schlechtes, das Schlechteste erwartend)

42

① Führe deine Listen fort wie ab Lektion 37.
② Alle drei Adjektive werden mit dem Genitiv konstruiert.
③ Nation (*natio*): Volk (Staat); Kondition (*conditio*): Bedingung; Region (*regio*): Gegend; Toleranz (*tolerare*): ertragen (Rücksichtnahme)
④ Ein *perpetuum mobile* wäre physikalisch gesehen ein geschlossenes System. Dieses System würde keine Energie abgeben, sondern alle Energie bei sich behalten. Da ein *perpetuum mobile* aber für seinen „Betrieb" Energie abgibt (z. B. durch Reibung oder Wärmeverlust) kann es nicht ewig ohne Energiezufuhr von außen laufen, d. h., ein *perpetuum mobile* ist aus physikalischer Sicht nicht möglich.
⑤ to prohibit (*prohibere*): abhalten, hindern; the virgin (*virgo*): Jungfrau; the liberty (*libertas*): Freiheit; the parents (*parentes*): Eltern; the doubt (*dubitare*): zögern, zweifeln (doubt: Zweifel); to persuade (*persuadere*): jmdn. überzeugen, überreden; the sentence (*sententia*): Meinung (sentence: Satz); content (*contentus*): zufrieden; cruel (*crudelis*): grausam; the fact (*facere*): machen (fact: Tatsache); to respect (*respicere*): denken an, berücksichtigen; the invention (*invenire*): (er)finden (invention: Erfindung); occupied (*occupatus*): beschäftigt; to consult (*consulere*): um Rat fragen, befragen; to finish (*finis*): Ende, Grenze, Ziel (to finish: beeenden); diligent (*diligentia*): Gewissenhaftigkeit, Sorgfalt (diligent: sorgfältig); to delete (*delere*): zerstören, vernichten; opportune (*opportunus*): günstig, geeignet; the victory (*victoria*): Sieg; to an-nounce (*nuntiare*): melden (to announce: ankündigen); to resist (*resistere*): Widerstand leisten; the castle (*castra*): Lager (castle: Festung)
⑥ *z. B.*: diu/diutius; cras; aeternus, -a, -um; perpetuus, -a, -um; a(b); aliquando; annus, -i; ante (als Adverb oder als Präposition); brevis, -is, -e; cottidie; cum (mit Ind. oder Konj.); dies, diei; inter (*m. Akk.*); interim; mensis, -is; nocturnus, -a, -um; nox, noctis; post (Adv. und Präp.); postea; praesentia, -ae; tempus, -oris
⑦ „eine Bedingung, ohne die nicht ..." Eine Voraussetzung, die für eine bestimmte Sache unbedingt vonnöten ist. Ohne sie wäre diese Sache nicht möglich.

43

① Führe deine Listen fort wie ab Lektion 37.
② Der Okzident ist die Gegend, wo die Sonne untergeht (von *occidere*), das Abendland. Der Orient ist die Gegend, in der die Sonne aufgeht (von *oriri*), das Morgenland.
③ Mit dem Navigator (von *navigare*) *steuert* man durch das Netz. Mit dem Composer kann man eigene Internetseiten *zusammenstellen* (von *componere*). Der Server ist der *„Diener"* (von *servus*), auf den man seine Internetseiten hochladen kann. Weitere Begriffe aus dem Bereich Computer, die auf lateinische Wörter zurückgehen: z. B. Delete-Taste (von *delere*), Enter-Taste (von *intrare*), Remote-Funktion (von *re-movere*); Formatierung (von *forma*), Option (von *optare*)
④ repeat (*repetere*): wiederholen; service (*servire*): dienen (Dienstleistung); inferior (*inferior*): niedriger/superior (*superior*): höher; Pastor (*pastor*): Hirte (der Hirte der christlichen Gemeinde); Konfirmation/Firmung (*confirmare*): bestärken (Bestärkung, Bekräftigung im Glauben); Konsequenzen (*consequi*): folgen (Folgen)
⑤ to postulate (*postulare*): fordern; frequent (*frequens*): zahlreich, häufig; the admiration (*admiratio*): Bewunderung; to deliberate (*deliberare*): überlegen; to exit (*exire*): hinausgehen; to close (*claudere*): schließen; to compose (*componere*): zusammenstellen, ordnen; the occasion (*occasio*): Gelegenheit; to propose (*proponere*): vorschlagen, in Aussicht stellen; to interrupt (*interrumpere*): unterbrechen; the justice (*iustitia*): Gerechtigkeit; the part (*pars*): Teil, Seite; the peace (*pax*): Frieden; quiet (*quies*): Ruhe (quiet: ruhig); suspicious (*suspicio*): Verdacht (suspicious: verdächtig, misstrauisch); the port (*portus*): Hafen; various (*varius*): verschieden(artig); the desert (*deserere*): verlassen (desert: Wüste); the author (*auctor*): (Be-)Gründer, Verfasser; the crime (*crimen*): Verbrechen
⑥ Antwort C. Besonders einprägsam wird der Spruch durch die Ähnlichkeit der beiden lateinischen Wörter *spiro* und *spero*.

44

① quidam: ein gewisser; qui: wie?/welcher?/der/wer (Relativ-Pronomen); quinque: fünf; quidem: allerdings, zwar; quicumque: jeder, der; quia: weil; quies: Ruhe; quin: warum nicht?; quisquis: jeder, der
② interesse: „dazwischen sein", teilnehmen; deesse: „weg sein", fehlen; abesse: „weg sein", abwesend sein; superesse: „über sein", übrig sein; adesse: „da sein", anwesend sein; inesse: „darin sein", enthalten sein
③ vul**t**us: Gesicht; vul**n**us: Wunde; vul**g**us: Volk
④ Führe deine Listen fort wie ab Lektion 37.
⑤ Präteritum (*praeterire*): vorbeigehen, vergehen (Vergangenheit); senil (*senex*): greisenhaft, oft im Sinne von gebrechlich, vergesslich etc.; aggressiv (*aggredi*): angreifen (angriffslustig)
⑥

Italienisch	Englisch	Lateinisch
ufficio	office	officium
dolore	dolour	dolor
eccezione	exception	excipere
danno	damned	damnum

⑦ „Reichtum/Macht wird heutzutage nur den Reichen gegeben."

45

① Führe deine Listen fort wie ab Lektion 37.
② Kontinent (*continere*): festhalten (die zusammenhängende Landmasse); Konkurrenz (*concurrere*): zusammenlaufen (das Miteinander- bzw. Gegeneinander-Laufen); Extra-Wurst (*extra*): außerhalb (das, was außerhalb des Üblichen liegt); frontal (*frons*): Stirn (an der „Stirn", vorne)
③ fortis: tapfer, kräftig – forte: zufällig; crux: Kreuz – crus: Bein; velut: wie (zum Beispiel) – velit: er möge/könnte wollen; fugare: in die Flucht schlagen – fugere: fliehen
④ Die Schnittmenge liegt in der deutschen Bedeutung „wie". Alle fünf Sätze enthalten ein „wie", im Lateinischen jeweils mit einem anderen Wort: *Qui? Quemadmodum? Ut? Quam! Velut.*
⑤ necessary (*necessarius*): notwendig; to press (*premere*, PPP *pressum*): drücken; the table (*tabula*): Tafel (table: Tisch); to celebrate (*celebrare*): feiern; the memory (*memoria*): Erinnerung, Gedächtnis; saint (*sanctus*): heilig; to admire (*admirari*): bewundern; the glory (*gloria*): Ruhm; to protect (*protegere*): schützen; certain (*certus*): sicher, bestimmt; to estimate (*aestimare*): (ein)schätzen; innocent (*innocens*): unschuldig; just (*iustus*): gebührend, richtig; supreme (*supremus*): der letzte, höchste; to use (*uti*): benutzen, gebrauchen; to extinguish (*exstinguere*): auslöschen; to solve (*solvere*): (auf)lösen; to confirm (*confirmare*): bekräftigen, ermutigen; the opinion (*opinio*): Meinung; to repeat (*repetere*): wiederholen; to except (*excipere*): ausnehmen (eine Ausnahme machen); the office (*officium*): Dienst, Pflicht (office: Büro); to recreate (*recreare*): wiederherstellen
⑥ „Wessen Gebiet, dessen Religion." Dieser Satz bildet die Kompromissformel, die man 1555 beim Augsburger Religionsfrieden zwischen den katholischen und protestantischen Landesfürsten gefunden hatte, dass jeder deutsche Fürst die Konfession für sein Land bestimmen konnte.

Bildquellenverzeichnis

S. 4: Museum of Fine Arts, Boston – S. 12 aus: Weeber, Karl-Wilhelm: Decius war hier ... Das Beste aus der römischen Graffiti-Szene. S. 35, 81, 87, 101, 124, 171. © 1996 Patmos Verlag GmbH & Co. KG/Artemis & Winkler Verlag. Düsseldorf/Zürich – S. 13: Peter Widmann – S. 14: akg-images, Berlin – S. 15: Kurpfälzisches Museum, Heidelberg, Inv. Nr. L 347 – S. 18: Dieter Maetschke, Pfaffenhofen – S. 31: Landesinstitut für Pädagogik und Medien (LPM), Saarbrücken – S. 37.10 aus: Honoré Daumier, Götter und Helden. 50 Lithographien, © 1947 R. Piper Verlag, München – S. 37.14: Peter Darville, Associates – S. 52: Interfoto, München – S. 57: Interfoto, München/ Großkopf – S. 60: Werner Thiel, Hamburg – S. 69: Scala, Florenz.

Umschlagfotos vorne: Schmidt-Thomé, Johannes, Fürstenfeldbruck; Bridgeman Art Library, London; Interfoto, München (Alinari)
hinten: akg-images, Berlin; Bode, Reinhard, Mechterstädt

Textquellenverzeichnis

S. 2: Mecum cantate! – Singt mit mir! Melodie von Theophil Rothenberg, Lobt froh den Herrn. Berlin: Evangelische Verlagsanstalt 1956, S. 86; Text von Andreas Fritsch – S. 6: Amica est trans oceanum (My Bonnie is over the Ocean). Aus: Cantate Latine. Lieder und Songs auf lateinisch. Übersetzt und hrsg. von Franz Schlosser. (Universal-Bibliothek Nr. 8802). Stuttgart: Reclam 1992 – S. 6: Quae sunt istae arbores (Was müssen das für Bäume sein). Melodie: überliefert; lateinischer Text: http://www.gottwein.de (Stand: Juli 2005).